風のかたち 1

子どもたちはこうして大きくなった

～教育現場からのヒント～

学校法人安田学園
安田小学校　校長

新田　哲之

溪水社

発刊に寄せて

ランドセルを背負って校門を出る子ども達。そのランドセルの中に、「学校が楽しい」「あしたもがんばろう」「友達と仲よくできた」と気持ちが溢れていたらいいなと思いながら見送ってきました。学校の日々は、子ども達に生きる力と未来への希望を育てることが使命だと考えているからです。学校の毎日は、それほど平坦ではありません。ややもすれば、希望も願いも脆く壊れそうになることもあります。それを乗り越える力を育てることが学校の大事な役割です。

「風のかたち」と詩情の漂う名の校長通信が発行されて久しくなります。縁あって、新田哲之先生とはいろいろと教育について話し合う機会があり、その折々にランドセルの話で盛り上がったものです。共通するのは、子どもの心を大事にして、よい学級、よい学校を創ろうということでした。その頃から、学校の日々の出来事を、互いに通信としてまとめて交流を深めてきたという経緯があります。

新田哲之先生が取り上げているものは、名前のとおり、教育という世界に吹く風、あるいは見えない風をかたちにすればこのようになるという、教育実践の歩みであります。教育には、意欲や関心、優しさや勇気、努力や辛抱というように勇ましい言葉が使われていますが、実態の多くは見えないものです。それを見えるものにしようとするなら、しっかりとした教育観、つまり、教育哲学が必要です。軸がぶれない教育に対する考え方です。一般的な言い方をすれば、「子どもが輝く」ということです。「輝く」は見る人の主観です。子どもの行動や仕草、発言やノート、トラブルなど、日常の些細に見える出来事を、「輝き」として見られるかどうかです。まさに、「風のかたち」です。本書の各頁には子どもへの温かい眼差しと学校経営の責任者としての深い考えが表現されています。類似する出来事は、毎日のように、学校では起こっています。それを「輝き」として見てほしいという願いがこもっています。私は、若い頃から、いいと思ったことはすぐに実行することにつとめてきました。真似をしたいと思える実践ばかりです。ためらわず、そのまま、実践したい気分です。

「国語力」という言葉が、本書ではくり返しでてきます。学校として「安田式国語力プロジェクト」を立ち上げておられます。「国語力」というと、国語科授業の充実を思い描きます。そして、しっかりと話ができる、相手の意図を聴けるという子どもの姿を思い浮かべます。私は、そのことから広げて「国語力は人間力」と考えてきました。この子に言葉の力があったら、友達と仲良くできていただろうにとか、この子と話すと豊かな気持ちになるのは、言葉の力があるからだろうと思うことがあります。そう思うようになったのは「国語力は人間力」と思えるようになってからです。学校は言葉に溢れています。その言葉を大切にすることを目指しておられていると、数々の事例から理解できました。

「教育は人なり」といわれます。人柄が実践に滲み出て、子どもや保護者に反映していることに深い感動を覚えます。ランドセルに「楽しかった」「素敵な一日だった」という気持ちが溢れる子ども達の心があると、爽やかな気持ちで拝見しました。

日々ご多忙のなか、子ども達の学習や生活を温かく見守ってこられた実践が、本になりました。広く多くの方に読まれるとともに益々、ご活躍なさいますように念じています。

前京都女子大学教授　同附属小学校長
特定非営利活動法人現代の教育問題研究所理事長
吉永　幸司

はじめに

社会の変容に伴い、教育は変わっていきます。子どもを取り巻く状況や学校教育に対する要請は変わり続けていきます。ただ、子どもの成長を考え、育んでいく教師や親の願いは変わりません。子どもと教師、教師と親、そして、親と子どもの信頼があれば、子どもは伸びていきます。子ども、親、教師がひとつになって営むのが学校教育である限り、学校と家庭とが信頼し合い、ともに考えていくことが、今何より大切なことです。

「風のかたち」は、校長就任の2015年から2017年まで、学校と学校を取り巻く教育に対する考えを思うままに書き綴っています。子どもの眼差しに目を向け、子どもの日々の学びの姿から見えてくることを題材にしています。ここには、「教えること」「育てること」の使命感を持って、渾身の力を込めて授業にあたる教師も登場します。また、子どもを慈しみ、何もかもわかって子どもを支えてくれる保護者が登場します。

本書を手にされた方は、ここに出てくる教師や親を「自分」に置き換えて読み解いていただければ、見えなかったことが見えてくるかと思います。忘れていたことが思い起こされるかもしれません。

皆さんの心に留まり、学校教育や家庭教育の一助になれば幸いです。

目次

発刊に寄せて……i
はじめに……v
シーズン1……3
子どもを本当に見ているのか　4
しつけと思考力と国語力　7
自己の確立とグローバル人材育成　11
授業が変われば子どもが変わる　14
しつけから道徳へ　――自ら考え、判断し、行動する力を――　17
ていねいに的確に話すということ　21
1学期を振り返って　24
2学期の始まりにあたって　28
2学期の指導目標　32

チャレンジ　――目標に向かってひたむきに――　36
自ら学ぶ力を4年生からつける　40
チャレンジ　――なりたい自分を見つける――　43
創造する学校文化　46
損か、得か　49
夢・希望プロジェクト（1）　52
夢・希望プロジェクト（2）　55
汚れた体操服　58
体験から広がる想像力　61
遊びで学ぶ　――努力や苦労をして遊ぶことは子どもの学びにつながる――　64
リーダーシップ　――自分の価値判断で行動する――　67
「さん、くん、です、ます」　70
奮い立つことば　73
母のことば「自己肯定感」　76
子どもを見つめる目　79

広いことば　82
子どもが輝くとき　――未来を思考する――　85
「あと少し」と「いいぞ」　88
道徳性は授業で育つ　91
卒業する6年生　94
希望を持つ　97

シーズン2 …………………………………………… 101
学校の始まりに　102
一輪車を買ってください　106
ていねいをキーワードに　109
チャレンジのしかけ　――夢や希望を持ってチャレンジする――　112
リーダーシップ　――自ら考え行動すること――　115
ていねいに聞くということ　118
伝統文化体験学習　121

1学期の終わりに　124
宿泊学習　127
2学期の初めに　――礼儀・国語力・チャレンジ――　131
2学期の始まり　135
大切なことは家庭で教わっている　138
どうすれば芽が出るのか　141
話し合いとじゃんけん　144
書くということ　147
ピアニストを目指した子ども　150
ほめて育てているのですが……　153
家読（うちどく）　156
国際人　159
子どもを伸ばす　163
上がらない成績　166
新年の目標と自ら学ぶ力　169

誇り　――創立記念日にあたって――　172
あきらめない子、立ち向かう子　175
みんなで育つ　178
無駄な夢はない　181
国語の勉強　184
俳句を作る　187
ことばで育つ　190
大切なことはすべて学んだ　193
シーズン3……197
笑顔の種　198
くすのきのように　201
1年生からのチャレンジ　204
ペア活動から学ぶ　207
陰口　210

世界のために何を成すか　213
本質を見失ってはならない　216
国語の授業　219
プロ棋士の映像から　222
思考する子ども　225
考えを前に向ける（1）　228
考えを前に向ける（2）　231
高慢な心　234
対話力　237
感謝という学びの場　240
発想のおもしろさ　243
謙虚な心　246
バスの中の上級生　249
新年を迎える　――子どもの俳句から――　252
新学期を迎える　255

自分を知る　258
主体的に読み、考える　261
笑顔とチャレンジとリーダーシップ　264
線を引く　267
ことばの確かさ　270
聞く力　273
見えない主役　276
豊かなことば　279
前を向いて歩く　282
春を迎える　285

おわりに……289

イラスト　溝尻《みぞじり》　奏子《かなこ》

風のかたち

シーズン１

子どもを本当に見ているのか

学校は、子どもを教え、育てるところです。主体を子どもに置けば子どもが育つところです。教師は子どもを育てるためにこうしたい、ああしたいと思い描き、教育内容を考えます。子ども側からすれば、「音楽の授業で好きな歌が歌える」、「友だちとサッカーができる」のように、学校は楽しいところです。ただ、楽しいことをしても子どもが育つことにはなりません。子どもが育つということは、知識や技能を身につけて、考えを広げたり深めたりすることです。親も教師もそう願うのですが、その通りにはなりません。子どもには子どもの考え方や生き方があるからです。その考えは漠然として、あいまいですから考えの方向を照らしたり、ほぐしたりするのが大人です。子どもが考えを整理していくのを最後まで見てやるのが大人の役目です。

朝、月が頭の上に出ていることに気づく子どもがいました。それを見た子どもは、夜見える月が朝見えることをおもしろいなあと感じ、なぜなのだろうと気にかけます。朝の光を美しいと感じ、まわりの風景を心に留めます。それをスケッチし、詩や俳句にします。こうして自然のものや事柄に心を向ける子どもにすれば、月はいろいろな授業の始まりになります。子どもの思考を動かすきっかけになります。—本来は子どもの気づきを大事にしてやりたいのですが、子どもの気づきに目が向かないことがあります。担任をしていた時、無口で休み時間は本を読んで過ごすような、おとなしい子どもがいました。その子どものノートや教科書がなくなることが何度か続きました。嫌がらせかどうかわかりませんが、とにかく荷物を全部私が預かり、授業のたびに私がノートや教科書を手渡すことにしました。そうしているうちに、その子どもが、「先生、これをどうぞ。学校に来る途中の道に咲いていたので。」とオオイヌノフグリを見せてくれました。ちょうど理科で季節の変化に気づく学習があり、見せてくれた花を題材にして授業を始めました。その子どもは、学校の裏の草むらのナズナやオオバコ、テントウムシの幼虫やカエルを見つけて図書室の図鑑と照らし合わせることを始めました。私もクラスの子どもも知らなかったことがあり、その子どもを生きもの博士と呼べば、胸を張って、「読書博士にもなる。」と返すほどになりました。それからはものがなくなることはありませんでした。

子どもの側に心を寄せている教師がいれば、子どもは幸せです。教師が子どもの気づきから学びを始めようとしていれば、子どもは心を開きます。育つということの前提として、子どもの思いや考え方に気づく目が必要です。信頼で子どもの心をぐっとつかんでいれば、授業はこんなに楽しいものか、突き詰めて考えていけばもっとおもしろくなりそうだと、子どもは学びの姿を見せるようになります。われわれは、子どもに心を寄せ、子どもの気づきを見つける教師にならなければなりません。気づく感性をもつことで子どもと教師は輝いていきます。

子どもを本当に見ているのか？自問自答しています。今よりも、ゆっくり子どもが見つけた花を見てやろうと思います。これは、子どもの小さな気づきに目を向ける時間です。教師としての知識を蓄え、感性を磨く時間です。この子どもは無口だと思っても、変容するものです。子どもは持っている可能性を掘り起こしているのです。かたちが見えたと思っても見えていない、見えていなかったことが見えてくるのが、子どもを教えること、育てることです。

しつけと思考力と国語力

しつけとは、礼儀作法を身につけることです。なぜ、礼儀作法を身につけるのか。ただ、おとなしくて管理しやすい子にするためではありません。しつけの先にある目指す子どもの姿があるからです。目指す子どもの姿とは、子どもが落ち着き、学びの姿があるということです。そして、本校には信念があります。基本的な生活習慣や学習、読書の習慣も含め、子どものうちに「良い習慣」を徹底的に身につけてやることが、その子の人生にどれだけ大きな助けになるか、というしつけ教育の信念です。良い習慣がひとつ身につけば、他の良い習慣が身につくようになります。習慣化したところへ、「くすのき」〈注〉の「自ら考え、判断し、行動する」学習によって、人を敬う内面からの礼儀正しい態度やことば遣いができるようになります。このことは大人になっても生きて働く力となる、本物の礼儀作法が備わるという考えで指導しています。

無論、お題目では駄目で、小学校のうちに体に染み込ませ、自然に実践できるようにすることが肝心です。特に1年生から3年生までは大事な時期です。この時期は、何が良くて何が悪いかを繰り返し意識させ「常識」にしてしまうことです。その上で、守れなければ何回でも注意し、できるようにします。しつけ教育の4月の目標は「ＩＣカードをかざす」〈注〉、「靴をそろえる」、「宿題を出すなどの朝の学習準備」の3つでした。

　大人から見ればたやすいことですが、早く登校して遊びたい子どもにとって、これらは難しくできていない子どもがいました。朝読書の時間に教室を見て回っていると、ＩＣカードをかざし忘れた子が私を見て恥ずかしそうにカードをかざしています。恥ずかしそうにしている子は、「どうしても忘れてしまう。次は絶対忘れない。」と言っていました。こうやって教師に何回でも注意を受けて繰り返し繰り返しやっていきます。

　1年生の靴箱を見ると、靴がきれいにそろっています。1年生がどうしてできるのかというと、朝登校した時、靴を入れる指導を受けているからです。できていなければすぐにやり直しです。外遊びから帰ったときもやり直し、体育の後もやり直しです。「何回言ってもできない」と大人は愚痴をこぼしますが、何回言ってもできなければ、何十回でも言えばいいのです。靴をそろえるのは意識と習慣づけですから、繰り返しさせればできるようになると、1年生の担任たちの根気強い指導を見ながら思いました。また、1年生は注意を何回もしてもうんざりしません。もちろん、注意のタイミングや言い方が大事ですが、大人に対する信頼が高い年齢なのでしつけ指導が徹底しやすいようです。

4年生くらいになってくると、注意だけではうまくいきません。大人に対する不信の割合が高くなり、自分の判断で行動しようとする時期になるからでしょう。いよいよ我が子も自立に心が向いてきたかと思ってください。自ら学ぶ力をつけるチャンスです。そこで必要になるのが思考力です。先のICカードをかざし忘れた子が、「どうしても忘れてしまう。次は絶対忘れない。」と意識をすることは大事ですが、意識だけではうまくいかないことが多いようです。「何がよくなかったのか」「どうすればできるようになるのか」を考えることが必要です。思い（できるようになりたい）と行動（できた）をつなぐのが思考です。そのために1年生の時から順序立てて考えること、ていねいに考えること、比較や類推をすることなどで、思考力を鍛えていきます。このような学習は、「くすのき」の授業でやりますが、国語や算数の授業でも思考力を鍛えていきます。真剣で集中して学ぶ授業でこそ思考力はついてくるものです。そして、思考するためには国語力が不可欠です。ことばの力がなければ、思考は高まりません。人の話を聞かなければ、学び合いがなければ、思考は狭いままで深まりもありません。

靴箱の靴がそろった学校は落ち着いた学校です。靴箱を見れば教育のレベルがわかります。良い習慣がしつけられ、国語力と思考力の備わった子どもを育てていきます。

注

「くすのき」…自分と自然や社会に関わる体験活動を行い、人間としての品格を培う本校独自の教科です。

ICカードをかざす…児童が登下校時にICカードをかざすと、保護者の携帯電話にメールが送信されます。子どもの状況を把握できる登下校確認システムを本校は取り入れています。

自己の確立とグローバル人材育成

グローバル人材育成の中でも特に英語力の育成に力を入れなければならないのは自明のことですが、「英語力育成」に加え、「人間理解」と「自己の確立」の3本柱で教育内容を組み立てています。英語は情報やコミュニケーションの道具であり、本質は人間理解と自己の確立にあると考えています。この2つとも教育の根幹になるもので、小学校では学校と家庭で子どもの実態を見極めながら、地に足をつけた教育をしなければなりません。

人間理解は、身近な人を知り、違いを認めることから始まります。クラスの友達と出会い、一緒に授業を受け、一緒に遊び、生活をすることから始まります。また、異文化理解もあり、これも1年生から6年生まで「くすのき」の授業で計画的に指導しています。自己の確立も同様です。「くすのき」で自立をテーマに指導し、3年生からの宿泊学習も自立に重きを置いています。また、自国文化理解の授業を1年生から行っています。たとえば、1、2年生の茶道教室がそうです。5年生の「まほろば学習」〈注〉もその一つで、日本の素晴らしさを肌で感じ、文化を生み出した日本人への敬意をもつ学習です。特に、将来世界の人たちとつながっていく子どもたちにとって、日本人の自覚と誇りを持つことは必須課題です。自己の確立とは、日本人の自覚と誇りに支えられた自立であると考えています。

学校には全校朝会という時間があり、5月は、たけのこの話をしました。たけのこは今が旬であり、一日一日ぐんぐん伸びてほしいと願ってのことですが、話のついでに竹の話もしました。竹は昔から日本人にとって身近で、たけのこは食べてもおいしいし、竹は籠になりほうきになり、利用してきたという話です。今の子どもには難しいかなとも思いましたが、あとから子どもがやってきて、家族でたけのこを掘りに行ったこと、竹籠や竹ざるが家にあってお母さんが使っていることを話してくれました。この子どもの家では竹が生活に入り込んでいるようで、うれしく思いました。この子どもの家庭では、生活の中に伝統文化が根付いており、親が子に伝えているということです。

文化は文学や音楽のように時代とともに変わっていくものですが、姿を変えながらも良いものは受け継がれていきます。伝統文化を祖先のために守り抜くのではなく、良いものは受け入れて、それが子孫に受け継がれていくことはおそらく世界中の人々がしていることと思います。文化は人にとって根っこの部分です。自国の文化を大切にした上での自己の確立と人間理解が、世界の人々との心をつなぎ、困難な課題にもともに解決に向かうことになるのでは、そして、課題解決に向けてともに手を取り合って前に進めるのではないかと考えます。

注

「まほろば学習」…「くすのき」の授業の一環として2014年から始めた5年生の宿泊学習です。従来の修学旅行から発展し、「和」をテーマとした「ニッポン」を体験します。毎年京都へ2泊3日の宿泊をし、茶葉を石臼でひいて茶をたてる体験や生け花、能楽体験など本物に触れて日本人の自覚と誇りを持たせます。

授業が変われば子どもが変わる

学校は、子どもの能力をつけ、伸ばすところです。とりわけ、授業を通して「知識・技能」、そして、自ら学ぶ力を育てるところです。そのために、教師の目標として授業力と生徒指導力の向上を掲げ、教師全員で研修をしています。教師たちには、この2つの能力について個々のレベルアップをするように言っています。教師の仕事はきりがないものですが、時間には限りがありますから他のことはできるだけ短時間で済ませるように言っています。保護者の皆さんは保護者会総会でお願いしたことを受け入れて協力してくださっています。朝晩に相談の電話がかかっていましたが、朝の電話はほとんどなくなりました。また、夜の10分以上の電話もほぼなくなりました。おかげで教師たちは朝ゆったりと子どもと顔が合わせられます。子どもが下校した15時から授業準備や学年の授業打ち合わせに取り掛かれるようになりました。また、「登校下校は保護者の責任」も守っていただいています。

「授業が変われば子どもが変わる」これは、私が尊敬する前京都女子大学教授の吉永幸司先生のことばです。学校をあげて授業力向上に取り組み、授業の質を高めることで子どもが高まります。子どもを良くしていくには授業を良くしていく以外にないと考えます。授業について学びの姿を教師と子どもの両方が持つことで「知識と技能」、そして、自ら学ぶ力がついてきます。また、学習規律ができ、落ち着いた態度が生まれます。さらに、友達の意見に耳を傾け、共に考え、高まり合うことができます。高まり合えば、自ずと教師や友達への敬意が生まれ、信頼するようになる、これが私の教育の信念です。

6月になり、朝「おはようございます。」と元気のよい声が校長室にいても聞こえてきます。6月はあいさつリレーをしています。6年生から順番に日を決めて玄関に立って登校する人にあいさつをする活動です。子どもたちの弾む声は心のありようが見える心地のよい時間です。あいさつリレーに参加した子どもの中に転入生がいたので、学校には慣れたみたいですねと声をかけてみました。その子は、にっこりして「はい、すっかり慣れました。」と答えました。あまりにもすっきりした答えだったので、もう少しつっこんで聞いてみようと思い、「だけど思い通りにならないこと、うまくいかないこともあるでしょう。」と言うと、となりにいた子どもが、「○○さんはがんばっています。」と言いました。水泳では一生懸命泳いでいること、授業中よく発言していること、発表の声がはっきりしていて聞き取りやすいことを教えてくれました。転入生の授業中の努力をよく見ており、がんばっていることをしっかり心で感じているとわかりました。このクラスには学びの姿があり、お互いを高め合う授業ができそうです。友達の真剣な学びの姿に良い影響を受けて、自分もがんばり、お互いを認め合っていると想像できます。

クラスに多くの子どもがいるともめることもありますし、反感を持つこともあります。その一方で、授業中の友達の努力に一目置いたり、意見に共感したりすることもあります。一人ではできないことをお互い助け合って、ついにはやり遂げることもあります。クラスみんなで課題を解決し喜び合うこともあります。困ったこともあるけれど、良いこともあってみんながんばっていると認め合うのが本来の子どもの姿です。一人で伸びるというのはなかなかできるものではありません。「みんなで伸びよう」と親と教師が意識をもてば、どの子もいろいろあっても授業では前に一歩前進できます。今、学校では教師も子どもも、授業を通してみんなで伸びようとしています。「授業が変われば子どもが変わる」学校づくりをしていきます。

しつけから道徳へ　――自ら考え、判断し、行動する力を――

6月はあいさつリレーを行いました。初日は6年生が担当して希望者が学校の玄関前に立って登校する人にあいさつをしました。リレーというのは6年生から始まり、5年生、4年生と学年の順に行うという意味です。それぞれ学年の順番が来た日は、楽しみにしている子どもがいて、あいさつリレーがしたいから早く学校に来たと言っていました。

1年生には朝登校するときに人と出会ったらあいさつをするものなんだと、あいさつが習慣になる良い機会になったのではないかと思います。4月の時と比べてあいさつをする1年生がぐんと多くなりました。礼儀作法の考え方に立てば、あいさつは心を込めてするものであり、そこには相手を敬う心が働き、その心が行動として表れるものですが、小学生の時は習慣づけることから始めるのが子どもの実態に合っています。特に、1年生から3年生までは人と人が出会ったときはあいさつをする習慣を身につけてほしいのです。あいさつもしつけの一つですから、小さいうちに身につけておくことで習慣化します。良い習慣をつければ他の良い習慣も身につきやすくなります。あいさつが習慣になるまで毎日家庭で心がけてください。

4年生からは、習慣だけではうまくいかないことが起きてきます。あいさつを良くしていたのにしなくなった子どもが出てきます。ほかにも、家に帰ってやることをしなくなったという話はよく聞くことです。これも成長の過程ですから良い習慣がついていたのに乱れてきたと心配することはありません。しつけだけではどうにもならない、発達段階が来たのだと目の前にいる子どもを受け入れてください。「しつけから道徳へ」移行する時期が来たのだと家庭でも頭を切り替え、子どもに思考させることへ指導を向けるのが成長につながります。良い習慣をつけることに加え、考える子どもにしていくこと、この意識をわれわれが持っていると子どもは変わっていきます。

あいさつリレーについて、4年生が生活ノート〈注〉の日記に書いていました。

今日、わたしたち学年の4年生があいさつをしました。これが最後の日です。さいしょのころは24人と少なかったけど、最後の方はいっぱいいいました。
わたしは、ふれあいながらのあいさつ、他学年にあいさつはあまりないのでいいきかいだなと思いました。これからも他学年の見本として、いろいろな人にあいさつをしていきます。

この子どもは、他の学年にあいさつをする良い機会だと判断し、あいさつリレーに参加したのでしょう。自ら考え、判断し、行動ができています。このような思考ができるように4年生からはしていきたいものです。

自ら考え、判断し、行動する力（自ら学ぶ力）は学力の大きな要素です。知識・技能（基礎基本）と自ら学ぶ力の両輪が備わって学力がついてきます。自ら学ぶ力がなければ、知識も技能も身につきません。やらされる勉強は、長続きしません。いやでもやらなければならない側面も勉強にはありますが、それだけでは学力はつきません。自ら学ぶ力と知識・技能、この2つとも学校では授業の中で身につけていきます。ただし、自ら学ぶ力については、あいさつリレーのように日常生活、家庭生活の中でも培うことができます。あいさつだけでなく、お手伝いや家庭学習でも培えます。

子どもとの会話の中で、あるいは、右記のような日記を書いたときに、自ら学ぶ力を感じることがあれば、大いに喜んでやってください。3年生までは生活習慣のしつけをしっかりと、4年生以上はしつけから道徳への意識を持って、家庭と学校で共に指導していきたいと思います。

注

生活ノート…家庭との連絡・しつけの一環として毎日児童が書くノートです。保護者がコメントをつけて提出し、担任は返事を書いて返却します。子どもを褒め・励まし、時には一緒に悩みを分かち合うなど担任との心の懸け橋となっています。また、学校や担任の考えを子どもや保護者に伝える役目も担っています。

ていねいに的確に話すということ

学校教育において、ていねいに的確に話すことは国語の授業で学習します。もう少し範囲を広げれば、算数で面積の求め方を考えて発言する時も、このていねいに的確に話す力を鍛えています。理科でも社会科でもすべての教科でこの力は使われます。自分で考えて判断し、発言する時には必ず使うわけですから、学校だけでなく家庭生活においてもていねいに的確に話すことを学習していきます。人が物事を考えるとき、ていねいに考えることや順序立てて考えることができていれば、より高い思考が可能になります。例えばメタ認知〈注〉のような思考力がついてきます。つまり、ていねいに的確に話す学習は、国語などの授業でも日常生活でも学ぶ場があり、学習させればその結果として思考力がついてきます。それともう一つ、ていねいに的確に話すようになれば親や教師、友だちなど、人とわかり合えるようになります。

先日、保健室で松葉杖をついた子どもに会いました。足に包帯を巻いており、養護教諭に包帯を巻き直してもらうために来たようでした。松葉杖の子どもにどうしたのか尋ねてみると、ていねいで的確な答えが返ってきました。

①転んで足をひねってしまった
②どうしてそうなったかというと、電車の中で気分が悪くなったので
③次の駅で途中下車した
④電車を降りたら、体がふらついて転んでしまい、けがをしたこと

これだけのことを最初から最後まで説明できる子どもは立派です。このように話せるのであれば、物事を順序立てて考える力や論理的に考える力があるということです。

このことをお母さんに伝えたら、家庭でも親に話してくれたこと、そして、自分で的確に判断して電車を降りたことをほめてやりましたと話されました。それでわかりました。この子どもがていねいで的確に話せるのは、お母さんが会話を通して教えているからです。子どもが一つひとつ話すのをじっくり聞いているお母さんが目に浮かんできます。途中で口を挟まないで最後まで話をさせること、たとえ要領を得なくても聞いてやり、一つひとつを組み立ててやり、もう一度最初から話をさせてやること……これが日常的に親子で行われているのだと想像でき

ます。教えているから話せるようになるのです。このような子どもを育てる教育をしなければなりません。この親子のような会話をしていると聞く力もついてきます。お母さんの話によると、気分が悪くなって電車を降りたのは、先生のおかげで、以前教えてもらったからできたそうです。まさに、聞く力（正しく話を聞いて行動する力）です。

聞く力と話す力、この2つを身につけるのが今年の国語力プロジェクトの目標です。この2つの力が備われば、自ら考え、判断し、行動する力（自ら学ぶ力）にもつながり、学力は身についてきます。

注
メタ認知…自分が認知していることを客観的に把握し制御すること。

1学期を振り返って

国語力をつける

1学期は国語力をつけるために、聞く態度を身につけ聞く力を鍛えました。授業の様子を見ると、1年生から6年生まで落ち着いて学習していました。しかし、聞く態度が十分だったとは言えません。教師や友達の話を聞くときによそ見をしている子がいました。これでは大体の内容は聞けても話し手の意図をつかんだ内容の聞き取りはできません。悪い習慣がつきますから、2学期も引き続き聞く態度と聞く力を鍛えていきます。

目標に向かってチャレンジする

また、目標に向かってチャレンジする子どもが多く見られました。1年生が日記を見せてくれました。そこには、のぼり棒で上まで行けるようになったこと、練習をしたら登れるようになったことが書かれていました。この1年生は、何度も失敗しチャレンジしたとわかります。4年生で居残り練習をして25m泳げるようになった子どもがいます。25m泳ぐにはどうしたらいいのか考えて練習したのだと言っていました。考えることは力になります。6年生で外国の人に日本のことを英語で伝える授業がありました。英語をすらすらと話すのはかなり難しいことです。無理かと思いましたが6年生は見事にやり通しました。考える力とやり抜く意志の強さを感じました。

リーダーシップ

5、6年生はリーダーシップがとれました。人の役に立つことをするリーダーシップは世界に通用する力です。5、6年生は委員会活動で下級生のためになる活動をしましたし、1、2年生の教室などの掃除も黙々とやっていました。特に6年生は入学式や学校公開〈注〉で人のために尽くす行動ができ、尊い行いです。

礼儀をしつける　――夏休みにあたって――

バスや電車の中で騒がしく走ったり大声を出したりして迷惑をかけることが今年に入ってぐんと少なくなり、苦情の電話がほとんどなくなりました。ＪＲやアストラムライン〈注〉の駅では子どもが騒ぎ、指導してもなかなか改善しませんでしたが、先日様子を見に行くと落ち着いて乗り物を待っている子どもの姿がありました。保護者ボランティアの皆さんのおかげや学校での指導の成果もあるかと思いますが、いちばんは家庭教育のおかげです。「登下校のマナーは家庭のしつけ」と捉えて子どもへの指導が成されている成果です。しつけには時間と根気が必要ですが着実に良い習慣がついていきます。良い習慣がつけば、ほかの良い習慣もつきやすくなります。良い習慣がついている今が、しつけのチャンスです。

子どもとともに過ごすこの休みの時期は、良いマナーを身につけるときと捉え、徹底した指導を続けてほしいと思います。それに加え、お盆は人と出会うことが多く、ていねいなことば遣いとあいさつをさせるよい機会です。礼儀正しい態度を身につけるチャンスですから、心構えから具体的な行動とことばを教え、意識を高め、実際にやらせ、その場でほめてやります。その場でほめることがポイントです。何が良いのか子どもの頭に望ましい行動として入るからです。家族みんなで大いにほめてやれば次も必ずやるようになります。

周りの人と気持ちよく過ごし、心がつながる生活をすることは当たり前のことですが、なかなかできていないのが学校の現状です。今年は「しつけプロジェクト」で教師みんなで力を入れてやっているところですが、家庭教育と合わされればほんものの力となって培われます。その成果が登下校のマナー向上として表れてきました。しつけは、意識し、努力をしなければ身につきません。心を鍛える機会は今この時です。

注

学校公開…未就学児とその保護者、塾の先生を対象とした学校見学会。

アストラムライン…広島市中心部から広島市北西部を結ぶ新交通システム。

2学期の始まりにあたって

学校は2学期を迎えました。2学期の始まりにあたって、私の思いを教師と子どもたちに伝えました。今日の始業式で話したことをここに載せます。

＊　＊　＊　＊　＊

2学期が始まりました。2学期は、100周年記念運動会〈注〉や文化祭、そして音楽会があります。5年生は「まほろば学習」もあります。このような行事を通して人は成長します。でも、行事をやるだけでは成長しません。目標を持ってそれに向かって一生懸命やるから成長するのです。今から、学校みんなで取り組む目標を3つ言います。

1つは、国語力です。

そのために聞く力と話す力をつけます。話す人に体を向けて内容を正しく聞いて、考え、行動しなさい。1学期にできていなかったので引き続き2学期の目標です。また、2学期は、自分の考えをていねいに的確に話すことをがんばりなさい。ていねいなことばを使い、相手に伝わることばで話すのです。うまく言えなかったら、もう一度言い直します。そうすれば話す力がつきます。

2つ目は、チャレンジです。

夢や希望をもってチャレンジし、実現する力をつけます。

広島東洋カープで活躍している黒田選手はアメリカ大リーグに挑戦し、また、カープに戻ってチャレンジされています。子ども時代は一流ではなく、レギュラーにはなれなかったそうです。目標を持ってチャレンジし続けたからこそ実現したのです。みなさんも「こうなったらいいな」という夢や希望を「〇〇する」と目標に変えて、2学期もチャレンジしてほしいのです。

今年の運動会のテーマは、チャレンジにしました。自分の目標を立ててチャレンジし、あきらめない心やどうやったらできるか自分で考えて行動する人になりなさい。

3つ目は、リーダーシップです。

リーダーシップとは、人のために尽くすことです。係の仕事がありますね。配り係は、みんなのノートを配りますが、これは人のためになる仕事です。日直の仕事も同じです。特に5、6年生は運動会と文化祭で準備や片づけをしますが、学校全体のためになる活動です。人に喜んでもらえる尊い行いです。人に尽くすことができてこそ、本物のリーダーシップです。

この、国語力とチャレンジとリーダーシップの3つをしっかりやり、さらに「柔《やさ》しく剛《つよ》く〈注〉」に近づくようがんばっていきましょう。

＊＊＊＊＊

この話は、4月の保護者会総会で話したことでもあります。5つの教育プロジェクトを今年始めましたが、話す・聞く力の国語力は、国語力プロジェクトです。『安田式しつけ教育〈注〉』の第三章に学校での話す・聞くことを載せています。チャレンジは、夢・希望プロジェクトです。リーダーシップはグローバル人材育成プロジェクトです。グローバル人材育成プロジェクトは、英語力をつけていくことですが、それだけでなく、リーダーシップも必要です。大人になって社会に出て活躍する人材となるには、リーダーシップ＝「人のために尽くす心を持つこと」は不可欠です。

「しつけプロジェクト」も引き続き、月ごとに目標を立てて指導していきます。子どもが伸びるには家庭と学校がひとつになって子どもと向き合うことです。どうぞ2学期も家庭教育での指導をお願いいします。

注

100周年記念運動会…安田学園は2015年1月に創立100周年を迎え、この年の10月に記念運動会を開催しました。

「柔《やさ》しく剛《つよ》く」…安田学園創設者安田リヨウが掲げた学園訓。「柔しく」は心づかい、気くばり、思いやりといった、人間としての品格。「剛く」は意思、知識、技術など自分を支える力。

『安田式しつけ教育』…家庭生活・学校生活の基本・学習の三章からなる本校のしつけ教育についてまとめた書籍。2014年出版。

2学期の指導目標

自ら学ぶ力を育てる　――教師の授業力、生徒指導力向上――

2学期が始まり、子どもが学校に帰ってきました。子どもがいてこそ学校のくすのきもサクラもマツも映えます。グラウンドに子どもの声が響きます。始まったばかりですが教室でひたむきにノートに考えを書き込む子どもの姿が見られ、子どものやる気を感じます。

子どものいない夏休みの間、教師たちには授業力を高めるために研修を受けてもらいました。2学期以降、研修成果を出すのは授業の場です。授業力を上げ、授業の質を高めていきます。また、生徒指導力を高めるために心理学の専門家から講義を受けました。子どもに「早く席に着きなさい」と注意するだけが指導ではありません。問題となる行動を子ども自身が自覚し、どう行動したら良いか判断し、行動させることが子どもの成長につながります。この、自ら考え、判断し、行動する力を、私は自ら学ぶ力と言っています。自ら学ぶ力を育てるのが生徒指導の目指すところです。この夏は、目の前にいる子どもをどのように受け止めて理解したらよいのかという講義でした。生徒指導力向上の研修は、始まったばかりで、定期的に研修を重ねていきます。

学校生活は楽しいことだけではありません。どの子も困ったり悩んだりすることがあります。そんなとき、子どもに的確な指導を行い、子どもが前を向いて一歩踏み出せるようにしていきます。すぐに解決することもありますが、1年、2年と時間のかかることもあります。しかし、時間がかかってでも、自ら学ぶという方向に向いていれば良いと考えて指導していきます。

ていねいに話す　——国語力プロジェクト——

2学期はていねいに的確に話すことを目標にして指導を始めました。ていねいに的確に話すのは、授業中の指導が主になるのですが、表現するのは家庭や学校すべての場でできます。特に、「ていねいに」の方は心がければ徐々に身についていきます。

2年生の女の子2人が、事務室に用事があって話をしていました。自動ドアを入った土足のところから上靴をはいて話しているので、室内にいるときはこのドアから事務室に入るのですと言いますと、「わかりました。ご指導ありがとうございました。」と答えが返ってきました。ていねいなことばを使う子どもに感心し、それを教えた担任にも感心しました。

朝のグラウンドに出て見ると、たくさんの子どもが遊んでいます。朝から遊びたいので8時よりも前に登校して来る子どもが全児童の半数くらいいます。サッカーや野球やドッジボールに人気があるようでそれぞれ場所を決めて遊んでいます。遊んでいるとほかの所からボールが飛んでくることがあります。先日、4年生の男の子が野球をしていた時のことです。ほかの所から飛んできたボールを拾い、届けようとしたら、ちょうど向こうから3年生の男の子がやってきました。4年生はていねいに「はい、どうぞ。」と3年生に手渡しました。3年生は「ありがとうございました。」と4年生にていねいにお辞儀をして戻って行きました。4年生がいい表情をしていたので、ていねいなことばを使うとお互い気持ちいいですねと言うと、「はい、気持ちいいです。」と笑顔を見せました。

全校朝会でこの話を子どもたちにしました。ボール遊びの最中、ボールが遠くへ飛んで行ったので取りに行った経験は多くの子どもがしているはずです。ボールを取りに行ったらよそに蹴られた経験もあるはずです。これでけんかになることもありました。聞いてみるとよそに蹴られた子どもは全体の3分の2くらいいました。数の多さに驚きました。ここから変えていかなければと思いました。

ていねいなことば遣いをすることで、けんかは減ります。ていねいに話すことで、不信感は起きません。ていねいに話すことは、相手を敬う心を培います。

チャレンジ　──目標に向かってひたむきに──

学校で学んでいると、計算がもっと速くできるようになりたい、絵が上手になりたいと子どもは思います。そんな思いは誰しも持つのですが、その努力を途中でやめてしまうことがあります。大人の私たちも子ども時代に経験済みで、うまくいかないことのほうが多いのかもしれません。

運動会の練習が始まった先週、1年生の女の子が登校してすぐにお手紙ノート〈注〉を開いて持ってきました。お手紙ノートの中の日記を読んでほしいというのです。そこには、たくさん書けたという喜びが感じられました。

> きょう、たいいくがありました。
> にねんせいとごうどうたいいくは、はじめてでした。
> なのでどきどきしました。
> にねんせいはじょうずでした。
> いちねんせいたちは、にねんせいよりももうちょっとがんばりたいです。

それから、うんどうかいでだんすをにねんせいといっしょにじょうずにおどって、はくしゅをいっぱいおきゃくさんにしてもらいたいです。

1年生の日記指導（作文指導）は、「はじめ」「なか」「まとめ」の順に、話題を提示し、その話題の内容を書き、自分の思いをまとめることです。この日記でいえば、3行目まで書けていれば、よく書けているということです。これから、だんだんと「なか」の話題の内容がふくらんで見たことや話したことが書けるようになります。この日記には3行目の「まとめ」の「どきどきしました」のあとに自分の思いが付け加えられています。「なか」のダンスの内容を書くよりも、ダンスへの思いの方が強いことがうかがえます。日記指導を子どもの心に寄り添って考えてみると、思いの強さが目標に向かってやり抜く力になるのだと思います。思いが強ければ、どうすればよいか目標を立て、思考、判断、表現（行動）ができるのではと思います。この女の子は、2年生よりも劣っていることを自覚し、ダンスが上手になり、お客さんに拍手をもらうという目標を持っています。これからの運動会のダンス練習で、女の子は教師からの指導をしっかり聞き、体を動かし表現すると想像できます。

元気よく遊んでいた子どもが休み時間の途中に教室に戻ることがあります。野球をやっていて友だちに下手と言われたようで、やる気がなくなったようです。下手と言う友だちのことよりも途中で戻る子どもが気にかかります。こんな子は、図工で作品を作っていても途中で投げ出してしまいます。投げ出したのは、〇〇くんが邪魔をした、道具を忘れたなど人やモノのせいにします。初めは、「野球が上手になりたい」「工作で自分のアイデアを実現させたい」と強い思いはあっても、思いだけではうまくいかず、何らかの理由をつけてやめてしまいます。こんな子どもに負けるな、がんばろうと言ってもがんばれません。目標を考えさせて、方法を考え、判断し、行動させること、つまり、自ら学ぶ力をつけてやることが必要です。いきなり野球が上手になることはできないので、キャッチボールで相手の胸に投げるというような目に見えてわかる目標を一緒に考え、自分で決めたという自覚を持たせます。そして、練習でうまくいかなければ相談に乗り、うまくいけば評価してやります。

子どもたちに2学期のみんなの目標は「国語力、チャレンジ、リーダーシップ」と話しました。どの学年も取り組んでくれています。運動会の目標もチャレンジにしました。日記を見せてくれた1年生は自ら目標を立てたので、きっと目標に向かって立ち向かいチャレンジすることと思います。今、多くの子どもがチャレンジしている最中です。途中で投げ出してしまう自ら学ぶ力のついていない子どもにも、この運動会で目標を立て、チャレンジしてほしいと願っています。そのためには、人のせいにしてやめてしまうのを見抜くこと、そのうえで、子どもの思いに寄り添い、具体的に何をどうすればよいか、思考・判断・行動するところまで一緒に考え、まずは一歩踏み出させることを家庭と学校でやっていきましょう。

注
お手紙ノート…生活ノート（P20参照）のことで、1、2年生ではお手紙ノートといっています。

自ら学ぶ力を4年生からつける

先日、4年生の「くすのき」の授業をしたときのこと。少し早めに教室に行くと、男の子が、「校長先生がどうしてくすのきの授業をするのですか?」とたずねてきました。確かに、いつもは担任が「くすのき」の授業をしているのに、学期に1回だけ授業をするのですから不思議に思うのもわかります。担任にお願いして、他の授業にも参加してもう少し教室に顔を出せればと思いました。

さて、授業のことですが、本題に入る前に1学期は何を学んだかを思い出させました。「復唱と復命」の学習だったのでそのことは印象に残っていたようでした。ただし、4年生から身につける自ら学ぶ力については思い出せないようでした。抽象的な話だったので忘れてしまったようでしたが、女の子が、「自ら学ぶ力を勉強しました。自ら学ぶというのは、自ら考え、判断し、行動することです。」と答えました。女の子は、1学期の授業の後、メモを筆箱の中に収めていました。大事にメモを取り、いつでも見ることができるようにしてくれていたことをうれしく思いました。

この日の授業は、「世界で活躍する日本人」がテーマで、国連難民高等弁務官を務めた緒方貞子さんを題材にしました。緒方さんがクルド人難民やルワンダの難民・ボスニア難民をどのようにして救ったか、資料を読んで理解し、緒方さんの優れたところを見つける学習をしました。

ぼくがいちばんわかったのは、やさしさです。なぜなら難民のことをいちばんに考えていたからです。

どの国からもさんせいされなくても、あきらめないでどうすれば救えるかを考えたところ。

難民、国連など難しい言葉が出てきた資料でしたが、正しく理解している4年生の確かさに感心しました。そして、授業の終わりに、「自分の夢を書いて、そのためには今、どうすればいいか。」考えさせました。

大人になってやりたいことは新聞記者。
そのためには、たくさん国語力をつけて、今のうちから身近なことをまとめて、小さな新聞を作りたい。自分の意見を言えるようにしたい。

子どもたちには、2学期の目標「国語力、チャレンジ、リーダーシップ」を目指すように言っています。それに向けて、どうすればいいか、学年で具体的な活動が始まっています。また、各月の生活目標もあります。授業でもそれぞれの教科で、この単元の目標が提示されます。今日の授業のめあてとして1時間ごとの目標もあります。いくつ目標があるのか一度には言えないくらいあります。そして、目標に向かって、どれだけできたか振り返り、自分の伸びた力を確かめます。こうやって、子どもたちは、さまざまな目標と活動と評価を積み重ね、なりたい自分に近づいていきます。夢や希望を持ち、それに向かって実現する力を蓄えていきます。この実現力の一つが、自ら学ぶ力です。

緒方貞子さんの優れたところに、

> 今、世界で何が起きていて、何をすればいいかをすぐ判断し、それを行動に移すところ。

こう書いている4年生が数人いました。こうやって、少しずつ、自ら学ぶ力の大切さに気づき、この力を蓄えていく子どもにしていこうと考えています。

チャレンジ ――なりたい自分を見つける――

運動会の2日前、担任がクラスの一人ひとりが掲げたチャレンジすることを見せてくれました。

・砂遊びをせずにチームをしっかり応援する。
・みんなで「竹取物語」の作戦を立ててがんばる。　＊「竹取物語」は運動会の競技名
・ラジオ体操ではしっかりと手をのばす。
・静かに並ぶ。出場する学年にがんばってねと声をかける。

「徒競争ではあきらめずにゴールまでがんばる」のような走ることや勝つことがたくさん出てくると思っていたのですが、意外でした。担任のこれまでの指導がうかがえます。教師が目標を示し、指導し、評価する営みが、きちんとなされているということです。子どもの側に立って言うと、子どもはめあてを持ち、活動し、振り返りができているのです。

運動会の時、選手リレーで走った3年生の男の子は、バトンを受け取って、さあ前へとぐん

と踏み出した時に前にいる選手と体が接触しそうになりました。男の子は前の選手を抜く勢いでしたが接触を避けることを選びました。一歩でも前へと毎日練習し、まさにチャレンジしてきたのですが、リレーのルールは守りました。ルールを守った上でのチャレンジが見られ、感心しました。

運動会だけでなく、学校生活には様々な目標があり、その目標に向けて、子どもは活動しています。教師の役割は、どのようにして興味付けをし、めあてを持たせ、活動させるかですが、その一方で、教師から与えられた目標であっても、子どもが自らめあてを持ち、どうすればよいか決めて、行動することが、子どもの学力向上には欠かせません。教師が無理やり勉強させても学力はつきませんが、子ども自らがやる気を出して学んでいくことで学力がつくのは自明のことです。運動会が終わっても子どものチャレンジは続きます。

別の担任がチャレンジについて考えている子がいますと日記を見せてくれました。なりたい自分を見つけて立ち向かうパワーを感じます。

チャレンジしている友達に

私は、今日も英語の授業でたくさんのチャレンジしている友達を見ました。最近、英語の授業でみんながたくさん手を挙げるようになったような気がしていました。初めは、きっと、「まちがえるのはいやだ」なんていう気持ちでいた友達も、チャレンジという今年のテーマを心に勇気を持って発表したんだと思います。「まちがえて発表しても周りの友達が助けてくれる」という安心できる空気の中で練習できることはとてもいいことだと思います。チャレンジしている友達をたくさん見つけたので私も負けないようがんばります。

このように子どもは、なりたい自分を持ち、上を目指そうとする力を持っています。学校の教育活動のあらゆる機会に、子どもにわかりやすい具体的な生活場面や学習場面でめあてを自分で見つけていく場を作り、チャレンジする子どもにしていきます。

創造する学校文化

学校では毎月19日を俳句の日と決めて、子どもたちの作品を国語の教師がまとめてくれています。日本には四季があり、季節とその変化を心に感じ取ってほしい、そして、心で感じたことをことばで豊かに表してほしいと願って全員に俳句の指導を行っています。その発表の場が俳句の日で、まとめてもらった作品の中から数点選んで校長賞をつけています。

たいようと　つきがみている　うんどうかい

これは、1年生の作品です。運動会の最中にふと空を見上げると太陽だけでなく月も出ていたのでしょうか。小学生のうちは見える形や大きさ、色、聞こえる音、肌で感じる風や光を感じ取り、それをそのままことばにすれば良いと考えています。この1年生の見たものから「たいようとつきがみている」ということばが生まれ、そのまま表したのがこの俳句です。

つぎは、3年生の作品です。これも、「もみじの橋がかかっている」、「どんぐりが落ち葉の中にかくれている」と頭の中に浮かんだことばを表したものです。2年生から国語で「様子を表すことば」を作文で表す学習が始まります。その学習で比喩を教えるので子どもたちは俳句にも使うようになります。国語の指導や、読書する本にも比喩などの様子を表すことばの表現が使われているので、子どもは使うようになります。優れた表現は読み手である子どもの心に留まり、自分の表現に取り入れるようになります。

谷の中川にもみじの橋かかる
どんぐりが落ち葉の中にかくれんぼ

これら3句の場所「空」「川」「地面」を見て、心で感じたことをことばで表し、目に浮かぶような表現ができています。俳句を作るということは五感を磨き、感じる心を育てることですが、その一方で、優れた表現を味わう学習を仕組み、読書をしっかりさせ、学校と家庭のことばの文化を創造していくことが何より大事ではないかと思います。そうすることで、優れた俳句や詩、作文が表せるようになります。豊かな表現というよりもより多くのことばを獲得し、確かな表現、的確なことばの使い手になってほしいと考えます。

最後に紹介する作品は6年生のものです。毎回俳句の日には、豊かで確かな表現が見られ、創造する学校文化を実感しています。

渋柿や光すいこみ甘くなり
駅の椅子もみじと並び父を待つ

損か、得か

先日、スポーツ用品店で山登りの道具を購入するためレジに行きました。レジ担当の人から店のカードを作ると商品が5％安くなりますよと言われ、そんなに安くなるものなのかと驚いていたら、「ずいぶんお得ですよ。」と重ねて勧められました。その日、薬局に行くとポイントカードはお持ちですか？と尋ねられました。ポイントカードというのは大抵の店にあるのか、頼んでもないのにポイントカードを作って渡してくれる店まであります。テレビをつけると、宿泊施設の紹介番組をやっていて、期間中は1泊○○円になり、通常よりも4000円もお得とタレントさんが話していました。消費を促すための方法なのでしょうが、やり過ぎではないかと思うものもあります。そして、何より私たちがこのお得情報につかりきってしまうと、行動基準のすべてが、○○があるから○○しようとなってしまうのではないかと心配します。

○○があるから○○するというのを子どもの生活で置き換えると、ご褒美をもらえるから算数テストの勉強をするということです。このようなやり方を行動基準にしていることは決して悪いことではありません。

小学校の3年生くらいまでは、このやり方は有効です。たとえば、しつけ教育は○○があるから○○すると教えます。

・先生が言うからおはようございますとあいさつをする。
・家族の約束で決まっているから9時までに布団に入る。

損か、得かで言うと、

・○がもらえるからていねいな字を書く。(先生に怒られるからていねいな字を書く)
・シールを貼ってもらえるから自主勉強をする。

もちろん、ポイントカードの損得勘定とちがって、教師や親に喜んでもらえるからやるという、心の通ったものです。こういう○○があるから○○するやり方をうまく使って行動基準にすることで子どもは必要なことを身につけていきます。

掃除時間に6年生が1年生の教室前の廊下を雑巾で拭いていました。絵具か何かこびりついていたのでしょうか、何度も何度も拭いていました。特別な行動ではなく、掃除時間には当たり前に見られることではありますが、これこそ人間の理想とする姿だと思います。そこには、先生が怒るから床を拭くという考えはありません。損か、得かを行動判断の基準に置けば床を拭いても得はない、しんどいだけで損だとなりますが、この6年生は汚れを取りたいから取るだけのことです。

11月に入り、あいさつリレーが始まりました。6年生から順番に担当の日が決まっており、事務室前で登校する子どもにあいさつをしていきます。あいさつに立つ6年生を見るとあいさつをしたいからするという考えでやっているように見えました。4年生のころから、○○があるから○○するではなく、○○したいから○○するという道徳性を、しつけから道徳へと高めていきたいと考えます。

夢・希望プロジェクト（1）

夢・希望プロジェクトということばの響きから、子どもが大きな夢を描き、その夢を現実にやり遂げるイメージを持つかもしれませんが、実際は派手なところはなく、地道な子どもの学習活動を指し、子どもの身近な夢や希望を実現させるための学習を仕組み、実現させる力を育てることをしています。

学校には図画コンクールや立体作品コンクールがあり、毎年コンクールに向けて自分の描きたいものを完成させようと試行錯誤しながら学習を仕組んでいます。コンクールに入選する子どもは一部ですが、コンクールに挑戦することでどの子どもも表現したい色の作り方や木片の組み立て方など、自分が作りたいものに必要な知識や技能を身につけていきます。そうすることで、釘の打ち方がうまくなった、丈夫な小物入れができたというように自信を持つようになります。

もう卒業した子どものことですが、文化祭のころになると、書写コンクールに入選したいと希望を持って、毎日家で手本を書き写して練習をしていた1年生を思い出します。その子どもは手先が不器用で美しい字体の文字を書く子ではありませんでしたが、毎日書くので上手な文字に赤ペンでつける○の数が次第に増えてきました。こんな練習が1か月以上続き、いよいよ書写コンクール当日を迎えました。その子どもは○が増えて自信をつけ、はりきっています。しかし、どう考えても入選する6名の中には入れそうにないので、私ははりきっている子どもを見て気が重くなりました。結果は予想通り、コンクールに入選できませんでしたが、その子どもはどう思ったのか肩を落としていませんでした。その後も、体育の鉄棒練習や計算の自主学習など自分が上手になりたいものを決めて練習をしていました。2年生になって担任ではなくなったのですがコンクールの時期になるとこのことを思い出し、担任に書写のことを聞くと、毎日練習してくるとのことでした。この子どもが6年生になって成績がぐんと伸びたので、こつこつ勉強してよかったなあと言うと、「はい、ぼくはこうやってずっとやってきましたから。」と答えが返ってきました。この子どもは、身近な夢を実現するために今、何をしたらいいのか考え、どうやるか判断し、行動してきました。夢の実現は誰しも願いますが、実現に向けて思考、判断、行動することが難しく、なかなか実現できないものです。この実現力をつけさせるのが夢・希望プロジェクトです。すべての教科で学習のめあてを仕組み（夢・希望を持たせ）、担任や音楽、図工、体育の教師が一緒になってみんなで進めています。

休み時間に1年生と2年生が竹馬の練習をしているのを見かけます。体育の授業でやっているのでしょう。なんとか竹馬に乗って歩こうと必死です。このような技能を身につける学習は「体で考える」ことですからやればやるほど結果がついてきます。上手くなるこつや練習方法もやるうちに身につけていきます。体で考える体験の積み重ねが、夢を実現させる力に近づく一歩です。10歳のころになって、練習しただけではうまくいかなくなる壁にあたったとき、実現に向けて「今を考える」学習が必要になります。書写を続けた子どものように、「今、何をしたらいいのか考え、どうやるか判断し、行動すること」を学んでいきます。6年生になって卒業する時には、「わたしは丁寧な字を書くことがやり通せた。」「わたしは苦手の算数の成績を上げることができた。」と誇れるものを持って中学校へ向かってほしいと思います。

夢・希望プロジェクト（2）

夢や希望を持ち、課題に向かって突き進んでいく実現力を育てるのが夢・希望プロジェクトです。この実現力というのは、いくつかの能力や態度を指します。まずは、課題解決のためには知識・技能が必要です。それから、課題解決には何をどのようにするのかを、考え、判断し、行動する力が必要です（自ら学ぶ力）。さらに、あきらめない意志も必要です。これらをまとめて実現力と言い、実現力を育てるために学校教育はあります。実現力をつけるのは、大人でも難しいことです。「目標は立ててもうまくいかない。やろうとしたが時間がなかった。」というように実現力から離れていく考え方をしてしまいがちです。しかし、目標を実現させる人というのは決して言い訳はしません。実現力のある人は、できるようになりたいからやるだけのことだという考え方をしているように見えます。

1年生の担任をしていたとき、のぼり棒に登れない子どもがいて、どうやったら登れるようになるのかと考えていました。そこへ、のぼり棒はもちろん、いろいろなことができる子どもがやってきました。「きみは、どうやって登れるようになったの？」と聞いてみると、「できるようになるまでやった。」と答えました。できるようになるにはやるしかないのに、どうすればいいのかと考えなくても、やりさえすればできるようになるのになあという意味です。努力するのは当たり前で、難しいことは少しやっただけではうまくいかないことは、体を通して学んでいきます。「体で考える」ことを小さいうちに多く積み重ねれば、苦しさを言い訳にしてあきらめることはしなくなります。そして、学年が上がるにしたがって、だんだんと苦しさを乗り越える術を考え、身につけていきます。

そんな子どもは今もいます。先日、6年生の子どもが竹馬1本で、ぴょんぴょん跳ねるようにして遊んでいました。それを見ていた下級生が自分もやりたくなったようで、竹馬を手にしました。当然同じようにはできません。失敗を何度も繰り返します。授業ではなく、休み時間のことなのでいつやめてもいいのでやめてしまうかと思いましたが、続けています。しばらくしてとうとう跳ねることができるようになりました。「体で考える」子どもというのは、絶対にあきらめない、苦しくてもやり通すものではなく、淡々とやっているように見えます。体の苦しさはあっても心の苦しみにしないようです。

6年生は目標に向かって毎日がんばっています。3年生の時にのぼり棒に登れなくて毎日挑戦していた子どもが6年生になりました。4年生の時に鉄棒の腕立て前回りができるようになりたいと毎日練習していた子どもも6年生になりました。今、がんばっている6年生は、こうやって「体で考える」ことをしてきたからこそ、何をどのようにしたらよいのか、「今を考える」ことができているのだと思います。

汚れた体操服

親の背中を見て子どもは育つと言いますが、親の受け止め方で子どもは育つと思っています。親のことばは、子どもの意欲を高めることにつながりますし、子ども自身が学校や社会に出て必要な、相手のことばや物事に対する受け止め方を学びます。

公立の小学校に勤めていた頃、クラス担任が病休を取り、私が代わりをすることになりました。荒れているクラスで、そこにエネルギーを持っていっている子どもが多くいました。校長先生にお願いして、毎朝、グラウンドに出て、マラソンをしてから授業を始めることにしました。体を動かすことが好きだったので体育の時間はいちばんの楽しみでした。その日は、前日の大雨でグラウンドはどろどろで水たまりができていましたが、体育をすることにしました。どうせ体操服が汚れるならと考え、サッカーをしました。子どもはぬかるみに足を取られて、すべって転ぶのが楽しいどろんこサッカーでした。教室にもどってからもお互いのどろんこの姿を見て笑い合う心地よさがありました。しかし、さすがにやり過ぎたので、次の朝、親御さんになんて言われたのか聞いてみました。子どもたちは口々に怒られたと答えましたが、その声は明るいものでした。私への不満もあって当然なのですが、ありませんでした。子どもが家に帰って、どんな話になったのかわかりませんが、皆さん肯定的に受け止めてくれたようでした。

汚れた体操服を見て叱ったときに、すべって転んで、思う存分サッカーをした話を聞き、親御さんに「洗濯は大変だけど、仕方がない。がんばって洗濯しよう。」と言われたかもしれません。「よくやったなあ。とことんやるのはいいことだ。」と言ってくれたかもしれません。こんなことばをかけてくれれば、子どもの足は学校へ向かい、思う存分、自己実現に向かうようになります。あるいは、「洗濯は大変。1回では落ちない。手間がかかるんだから。」と言われたかもしれませんが、それでも肯定的に受け止めているのであれば、子どもの意欲は望ましい方に向きます。少なくとも悪ふざけで遊び、服を汚すことはしなくなるでしょう。もう絶対に服は汚さないとマイナスに働くのではなく、洗濯を自分でするようになるかもしれません。こうやって子ども自身が受け止め方を学んでいきます。

本校に赴任した年。子どもを怒鳴りつけ、後から思えば怒鳴ることではなかったので、次の日、子どもに謝りました。しかし、子どもはけろりとしています。よく聞けば、家に帰ってお母さんに腹立ちを言ったのですが、「先生は、機嫌が悪かったのよ。あなたもあるでしょ。」と言われたようです。こんな受け止め方をされると、子どもは不満を回避する術を身につけるようになります。最近、状況対応力が大事と聞くのですが、状況対応力は、大人の受け止め方から子どもは学んでいると考えます。

親の受け止め方で子どもは育つ。——「汚れた体操服」を見るたびに、このことばを思い出します。そして、知らないところで教師はずいぶん助けられているのだと思います。

体験から広がる想像力

本校には、「くすのき」という授業があります。「くすのき」というのは、自立、人間、自然、社会の分野があり、いろいろな体験的活動を通して「調べる」「聞く・話す」「書く」「まとめる」といった学習に必要な具体的活動能力や情報活用能力、構想力、コミュニケーション能力としての表現力を身につけることを目標にしています。そして、体験活動をする中で、きまりを守ることや相手を敬うこと、自然を大切にする心や公徳心といった道徳性を身につけることを目標にしています。

4年生に学習単元「共に生きる」があります。福祉体験を行い、体験を通じてその人について理解し、自分の身の回りのことに気づき、自分には何ができるかを考える授業です。高齢者疑似体験セットを身につけて目がかすみ、膝や肘が曲がりにくくなることを身をもって体験した子どもは、身の回りのお年寄りにも思いをはせることができるようでした。「店のレジに行った時に前にいるおじいさんがお金を払うのが遅いのでいらいらしたけど、遅くなるのは当たり前だとわかった。」と気づく子ども。「車いすに乗ってみると歩く人たちのスピードがとても速いとわかった。車いすに乗っている人と歩くときは車いすの人の速さに合わせなければ。」と考える子ども。めいめいが体験を通して生活の不便さを理解し、心寄り添う気づきを持つ子どもたちでした。聴覚障がいの方の話を聞く機会があり、耳が聞こえなくて困ることの多い生活を知ったのですが、「手話があって便利なことがありますか?」という質問があり、大人にはない子どもの楽天性が見えました。聴覚障がいの方から、「海にもぐったときも話ができるから手話は便利だよ。」と教えられ、不便なことばかりではないことも理解しました。体験活動を組み合わせ、理解と気づき、思考のある学びをつくった教師の授業力と、体験を受け止める素直な心を育んでいる保護者の力を感じます。

子どもの想像力の確かさもあります。聴覚障がいの方への質問にこんなものがありました。

「朝起きるとき、どうするのですか?」

「買い物に行ったとき、金額がわからないからどうするのですか?」

耳が聞こえないことはどういうことなのか?聞こえない者でなければわからないことですが、想像することならできます。目覚まし時計の音が聞こえない世界が想像できる子ども。この想像力が、「共に生きる」学習の鍵です。

心で感じる体験をさせて、想像力をかきたてる学習で、子どもは社会にも目を向けるようになります。


今日、バスに乗って帰っていると、くすのきで学んだバリアフリーの工夫をたくさん見つけました。一つ目は、車いすの人のために乗り降りの時、スロープが引きおろせるという工夫です。二つ目は、目の見えない人のために車内アナウンスがありました。三つ目は、耳の聞こえない人のために電光けいじ板がありました。このように、全ての人に使いやすい工夫をユニバーサルデザインというそうです。

わたしは大きくなったら、ユニバーサルデザインの仕事をしてみたいです。

（4年生の生活ノートより抜粋）

遊びで学ぶ　――努力や苦労をして遊ぶことは子どもの学びにつながる――

年末から年始にかけて、昔の遊びを楽しむ絶好の機会です。冬休みだからこそ味わえる遊びを大いに楽しんでほしいと思います。その中でも百人一首は長い歴史があって様々な楽しみ方ができる奥の深い遊びです。ふだんはなかなかできない百人一首ですが、冬休みは親戚や知人が集まる機会があり、子ども同士でも大人と一緒でも楽しめます。

初めてやる子どもでも何度かやっているうちに意味のわからないまま、リズムやことばの響きがおもしろくてだんだんと覚えていきます。また、ことばの意味を尋ねてきたり作者に興味を持ったりするようになります。それを教えてやるとさらに興味や関心に変わっていきます。

これやこの行《ゆ》くも帰《かへ》るも別《わか》れては知《し》るも知《し》らぬも逢坂《あふさか》の関《せき》

蝉丸《せみまる》

この短歌は、リズム感がよく、また、蝉丸という名前にひかれるようで、多くの子がやっているうちに覚えてしまいます。「これや……」と読めば、「知るも知らぬも」と言って札を探し始めます。また、「あふさか」と書いてあるのを「おおさか」と読むこと、「かへる」は「かえる」と読むことに興味を持つ子どももいます。今は、子ども用の百人一首も店頭に並んでおり、より手軽に楽しめます。

全部覚えるとなるとかなりの努力を要しますが小学生はすべて覚える必要はありません。覚えたものが読まれる楽しみがあり、遊ぶうちに一首一首覚えていきます。覚えなさいと言われるとなかなか覚えられるものではありませんが、5つか6つ覚えてしまうとハードルが低くなり、努力してでも自ら覚えようとします。自ら行動するところまでくれば子どもの学ぶ力になっていきます。

努力をして遊ぶという体験は便利な社会には特に必要です。与えられたものをそのまま使って遊ぶことになれた子どもは受動的な人間になります。言われたことはするがそれ以上のことはしないタイプ、楽なことを求めるタイプは便利な社会の産物です。子ども時代に努力をして遊ぶ場を作ることが必要です。遊ぶ努力や苦労をして遊ぶことは子どもの学びにつながり、学ぶための訓練を小学生のうちにしていることになります。つまり、遊びで学ぶとは、学び方を学ぶということです。今、学校では夢や希望を叶える実現力を育てています。そのために、努力するのは特別なことではなく、当たり前のこととしてやりきる子どもにする教育活動を行っていますが、このことは、「遊ぶために努力する」に通じます。冬休みは努力をして遊ぶチャンスです。

リーダーシップ
――自分の価値判断で行動する――

子どもたちに始業式や「くすのき」の授業でリーダーシップについて話しています。リーダーシップとは、人のために尽くすことです。集団の先頭に立ってひとつの方向へ引っ張っていくリーダーではなく、みんなのために役立つ行動を起こす人のことで、すべての学級で取り組んでいます。1年生の担任に、「朝の係活動で一生懸命廊下を掃いていますね。」と言うと、「はい、あの子たちは何も言わなくても自分からやっています。」と答えが返ってきました。その教師たちの誇らしげな顔に、やる気と指導の確かさを感じます。そして、1年生にはリーダーシップの根がしっかり張られていると感じます。1年生は言われたことを素直に受け入れて行動する年齢です。ここから自分の価値判断で行動する年齢に変わるのが10歳を過ぎたあたりですから、それぞれの発達段階を見極めていく必要があります。

今年の5年生と6年生は、みんなのために何をどうするのか、よく考え、判断し、行動を起こしています。主体的な思考・判断・表現は、自ら学ぶ力となり、学力の向上につながりますが、授業はもちろん教育活動全体で培われるものです。学校の玄関前や栽培園で花を育てている5、6年生は水をやり、咲き終わった花弁を摘んでいました。その作業はていねいで、命あるものを慈しむ姿です。休み時間の遊びで使ったボールが転がっているのを運動委員の5、6年生は倉庫に戻していました。大変だねと声をかけると、「最近、ボールの片付けができていません。体育でバスケットボールをやっているので、休み時間に練習する人が増えています。少し前に注意したので、今はもう少し様子を見ようと思います。」と事情を説明してくれました。リーダーシップとともにていねいで的確に話す姿に成長を感じました。年末の大掃除で、5年生に楽しんで掃除をしているねと声をかけると、笑顔で「はい」と返してきました。6年生は、静かに黙々と掃除をしていました。12月の生活目標「心をこめて掃除をする」を体現する姿でした。

10歳を過ぎると自分の価値判断で行動するようになり、4年生までの素直さが見られなくなる子どもがいます。学習時間が長くなり、時間に追われる大人並みの生活をしていることも変化の一因ですが、子どもの発達から起きることだと考えます。ときには心にもないことばを友達に投げかけることや学習意欲が低下することがあり、発達としての変化を乗り越えさせるのが学校の課題と捉えています。自分の価値判断で行動する子どもにとって、リーダーシップの指導は有効に働きます。相手を傷つけることばを使う攻撃性も相手のために尽くすリーダーシップも大きなエネルギーのいることで、10歳を過ぎてエネルギーを抱えた子どもの心をプラスに向けることが鍵になります。どんな人間になりたいのかよく考え、判断し、行動する力を培う時期がやってきたと認識し、地道に何度も子どもに問いかけていきます。この話を司書教諭にすると、次のことを教えてもらいました。この方は数年ぶりに勤められた方です。「以前と大きく変わったのが5、6年生です。図書委員の仕事を当番の5年生が学校行事でいないときは6年生が来てくれます。しかも、5年生の代わりにぼくたちがやってもいいですかと尋ね、本を借りに来た下級生に、遅くなってごめんねと言っていました。5年生も同じく6年生の代わりをしています。子どもたちが育っていますね。」……エネルギーを良い方向に向けた子どもたちがいることをうれしく思いました。

1年生から学校で決められた活動をしっかり行い、5、6年生になってリーダーシップを培う時期に入ります。リーダーシップを培い、将来、社会から必要とされる人になってほしいと思います。

「さん、くん、です、ます」

確かなことばの使い手にしたい、それが考える力につながる、そう考えて国語力プロジェクトを立ち上げました。今年度は、「話を聞くこと」と「ていねいに的確に話すこと」を国語力の中心に置いています。2学期の終業式で話をするために整列した子どもの前に立つと、左側の4年生と6年生、右側の3年生と5年生がいっせいに体を中央の私に向けました。中央の1、2年生もみんなこちらを向いています。聞くときの目標「話す人に体を向けて聞くこと」ができていました。このことは、普段から教室でできていることの証です。教師の話を聞くときはもちろん、発言する仲間に対しても体を向けています。聞く力は聞く態度を整えることから始まります。先日、2年生の研究授業でも話し手に体を向けて聞く姿勢を取っていました。そして、発言に対して「なるほど」や「ああ、そうか」と共感や発見のことばを発していました。聞く態度と内容を理解する聞く力もつけているとわかりました。

ていねいに的確に話すことについては、3学期の初めに「ていねいに話す」と「的確に話す」

にわけて教師や子どもに話しました。ていねいに話すことについては、「さん、くん、です、ます」を使うよう伝えました。友達の名前を呼ぶときには、「さん、くん」をつけます。授業中だけでなく、学校生活すべてで「さん、くん」をつけて話すことが目標です。授業中はできていますが、休み時間はできていないことがあります。下の学年ほどよくできており、上の学年は習慣のことなので急に変えるのは難しいと思い、6年生の担任に実態を聞いてみました。たいていの子どもは「さん、くん」で呼んでいるのですが、呼び捨てにした愛称で呼んだりしている子どももいるようです。愛称はまだしも呼び捨てはいけません。塾友達の影響を受け、呼び捨てにするかっこ良さがあるとのこと・・・。学校文化として「さん、くん」で呼ぶようにしていきます。「です、ます」というのは授業での発言の語尾をていねいにするという意味です。友達に対しててていねいなことば遣いが2学期にできていなかったのは学校の課題です。3学期に取り組んでいきます。

聞く態度やていねいに話すといった形を整えることだけでなく、話す・聞く内容の充実も必要です。そのために、「的確に話す」ための方法を子どもに話しました。1年生は、ノートにしっかり考えを書くことを伝えました。考えが書ければ、手をぴんと伸ばして発表ができます。1

年生はより多くの発表をする機会を作ることが大事です。2年生と3年生は、話し手の意見に対して指で自分の意見を表すこと（1賛成、2付け足し、3反対、4質問）がめあてです。そして、付け足しの意見であれば、「〇〇さんと似ているのですが、・・・」、反対であれば、「〇〇さんの考えと少し違うのですが、・・・」というように前置きして自分の意見を言います。こうすることで自分の考えをはっきりさせた上で話すことができます。4、5、6年生は、様々な意見を比較する、分類する、再構成することをめあてにしました。これができると、みんなで新しい発見やよりよい考えを生み出すことが可能になります。

奮い立つことば

学期の初めには子どもに目標を立てさせます。始業式を迎え、心にけじめのつくときなので「なりたい自分」を考え、達成に向けて気持ち良くスタートする機会になります。

私も担任をしていたころは目標を立てさせていましたが、うまくいかないことがありました。たとえば、これまでの学校生活の振り返りを教師主導ですれば、子どもから出てくる目標が「人に迷惑をかけない」「廊下を走らない」のような「○○しない」の表現になってしまうことがありました。これでは、後ろ向きの考え方を指導しているようなものです。目標を立てることは、新しい自分を思い浮かべ、「ようし、やるぞ」と奮い立つものが良いと考えます。3年生までならば今学期の行事や学習を提示して、「マラソン大会で優勝する」のような具体的で成果が目に見える目標が子どものやる気につながります。10歳を過ぎると客観的な思考ができるので自分の足りないところやもっと高めたいところを見つけるようになります。そこで、振り返りをさせるといいのですが、先ほどのように「○○しない」になることがあるので、子ども自身で考えて、判断して、目標を立てさせることが肝心です。こうして主体的に考えたとしても、今獲得していることばを使って考えるわけですから思考の広がりは期待できません。今の自分を飛躍させることばは出てきません。奮い立つようなことばが出てくればやる気になり、確かなことばの使い手として思考する力も高まります。

先日、奮い立つような目標を立てる指導を4年生がやっていることを知りました。子どもは、枠の中の14の熟語の中から2つ選び、「なりたい自分」としての目標を考えています。

努力	集中	健康	元気	挑戦	笑顔	奉仕
自立	自律	自主	正直	公正	仲間	克己

選んだことば

自主　わたしは、自主を選びました。いつもやろうと思ってもできないから、今度こそやろうと思ったからです。

選んだことば

公正　けんかが起こるのは、だいたい平等にしていないことから起きます。だから、ぼくは友達をきずつけないために公正にしたいと思います。

自主を選んだ子どもは、「今まで何度も失敗してきました。今度こそ自主ができるようになります。今、算数の自主プリントを取って勉強しています。」と話していました。公正を選んだ子どもは、「けんかは人によってことばを変えるから起きます。誰に対しても同じことば遣いをしています。ていねいなことばでけんかはなくなります。」と話していました。自分を見つめてなりたい自分を決めること、どうすればよいか考えて行動することができており、子どもたちの思考の確かさを感じました。

奮い立つことばを考えることで目指す目標が高まり、なりたい自分に向かって行動するようになります。

母のことば「自己肯定感」

成績が上がらない、忘れ物を繰り返すなど子どもが大人の思うようにはならないことがあります。我が子に、「どうしてあなたはすぐに宿題をしないのか？」「どうして約束を破るのか？」と、親が思うようにならないために怒りや子育ての自信を失う方向に向いてしまい、相談を受けることがあります。「どうして宿題をしないのか。」は問いかけではなく、思い通りにならない子どもへの怒りのことばです。子どもにとってこの問いは貝のように黙るか、人のせいにするかしかありません。子育ては、むしろ、思い通りになることのほうが少ないといってもいいほどです。実は子どもだって自分の思う通りにはならなくて腹を立てたり、自信をなくしたりしているのです。うまくいかないときは、まずは目標を立てて、それをどうすればいいのか計画を考え、やり通すよう大人は手助けをしてやります。いわゆる子どもの自ら学ぶ力をつける視点に立てば、子どもにかけることばも変わってきます。そして、もう一つの視点、「自己肯定感」にも目を向けてみてください。

『泣けない魚たち』『見えない敵』といった、子どもと遊びや自然とのかかわりを描き出している児童文学作家の阿部夏丸さんは、勘違いは素晴らしい、母には感謝しているとエッセイに書かれています。

> 子どもの頃、成績は良く国語と理科と図工はいつも5だった。ところが、先日通知表が出てきて開いてみて驚いた。通知表は2と3のみで5なんてなかった。自分の記憶がいい加減だったのだが、いつも母が、「お前は成績は悪いけど、絵を描くのは上手だし、人の考えないことを考える。きっと、頭はいいんだよ。やればできるんだよ。」と繰り返していたことでどうやら勘違いをしていたようだ。勘違いは素晴らしい。母には本当に感謝である。
> （教育情報誌『TEADA』No.16、学校図書、2014年10月「わたしの小学校時代」から要約）

阿部夏丸さんのお母さんのことばで感心したのは、成績が悪いことも含めて子どもを認めていることです。ただ、ほめるのとはちがいます。不十分を否定せず、不十分をも認めているところです。

私が以前、5年生の担任をしたクラスに、人に嫌味を言い、嫌がらせをする子どもがいました。それが改まり、人が変わったかのように一切しなくなりました。その子のお母さんは、「4年生まではみなさんにご迷惑をおかけしていました。先生のおかげで変わりました。学校のおかげです。」と言われるのですが、私が担任になったばかりのことです。よくよく聞いてみるとお母さんは何かあるたびに、何をしたのか話をさせて、「あなたはこれさえしなければ、いい子なんだよ。」と言ったそうです。お母さんは、良いことも悪いこともひっくるめて子どもの話を聞いて受け止めていました。そして、悪いことは悪いと言うが人格を否定しませんでした。

良いことも悪いこともひっくるめて認める母のことばが、子どもを変える力を持つ。勘違いするほど、前を向いて一歩踏み出す力となるのだと思います。

子どもを見つめる目

あいさつ運動を始めて6年になりました。当時のパパ倶楽部〈注〉の代表の方が、朝子どもたちをあいさつで迎えよう、なにも準備はいりません、笑顔だけあれば十分ですと声をかけられて始まりました。今は当たり前のことのように子どもはあいさつをしていますが、当時は、照れくさい様子の子どもが多くいましたし、6年生は、恥ずかしくて下を向いてしまうこともあったと記憶しています。早朝からのことであり、また、仕事時間を削ってまで駆けつけてくださるお父さんもいると知り、毎月やったのでは長続きしないのではと思いましたが、あれから6年続いています。このあいさつ運動に初回から欠かさず来てくださっている方がいらっしゃいます。お子さんが卒業するのでこの3月で最後になります。立つ場所はいつも工兵橋《こうへいばし》〈注〉。日が差さず寒風にさらされるところで、子どもを見つめる目は温かく、見守ってくださっています。

教師は学校にいて、子どもを見つめ、子どもの成長に関わっています。子どもを毎日見ているのですが、子どものことをわかっていないことがあります。その場だけを捉えて子どものことをわかったつもりでいることがありました。あいさつ運動で、あるお父さんに、お子さんが最近早く登校していることを伝えると、お父さんは笑顔で答えてくださいました。大好きな友達がいて、その子どもさんが早起きだと聞いて我が子も早起きをするようになったこと、起きてから読書や勉強をしていることを話されました。そして、学校・仲間という良い環境に恵まれていることの喜びを感じておられるようでした。早く登校している子どもとしか捉えていなかったのですが、見えないところで子どもの変容や思いがあるのです。お父さんたちの目は、出来事から少し距離を置いて見ておられるので、見えないものが見えてきます。

教室にはいろいろな子どもがいます。羽目をはずして教師から注意を受けるが、集団の中で楽しくやっているように見える子。実は集団の間ですっかり馴染めていないのかもしれません。今の状況を正しく把握する力が弱いのです。注意すれば、みんなもやっていると答えます。みんなというのは誰ですか?と聞いても名前が出てきません。目先の楽しさ、瞬時の面白さに目を向けています。状況を把握して正しい判断と行動をする力をつけることに目標を置けば、指導方法が見えてきます。全体を見渡せるような役割を持たせれば、羽目をはずすぐらい活力があるので好結果が出てきます。罰を与えてじっとさせるのではなく、責任感とやりがいを持たせます。距離を置いて見れば新たな面が見えてきます。

いつもおとなしくて目立たない子どもがいました。注意されることはないが特別ほめられることもない子どもでした。その子は教師になりました。ずっと教師になりたかったようで、子どもの頃、先生の赤ペンの◯つけがやりたかった、日記に書いてくれる返事を私も書きたかったと教えてくれました。今思い起こせば、詩を書くのが上手な子でした。話すのは苦手でしたが、いつも私のそばで日記の返事を書くのを見ていました。日記を書く鉛筆と返事の赤ペンで話をしていました。少し距離を置いて子どもを見つめること、そして、大人も子どもから見つめられていることを心に留めていきます。

注

パパ倶楽部…２０１０年、学校に慣れ親しみ父親同士の懇親を深めることを目的に、保護者会が中心となって立ち上げ、月に一回のあいさつ運動「ハロープロジェクト」が開始されました。

工兵橋《こうへいばし》…本校裏手（北側）にある吊り橋。

広いことば

子どものことばの確かさを感じる授業を見ました。話し合いの場面で子どもが自分のことばで話していました。どの子どもも学習課題から離れず、真剣にことばと向き合う授業でした。研究授業という緊張する場でしたが、子どもは自分の考えにぴったり合ったことばを選び、声にしていました。考えを的確に表そうと選び出したことばなので、相手に伝わりやすくなります。普段からわからないことばはすぐに辞書を引いて確認する、生活ノートにたくさんの漢字を使って書く、友だちの意見（ことば）を聞いて考え直すなど、的確なことばを使う指導の積み重ねを感じました。

学校では入門期を経て、自分の意見とその根拠を話す指導をしています。的確に話す第一歩です。3年生の算数の授業のときのことです。2つのものの重さをどうやって比べればよいかという課題について自分の考えを発言した子どもが、意見に続けて理由を言ってもいいですか?と教師に言いました。この日の授業は担任ではなく、別の教師が担当したので確認したようです。意見にはそのもととなる理由を話すことが3年生では当たり前になっているらしく、隣のクラスの子どもも根拠をつけていいですかと言っていました。担任の指導の確かさがわかります。また、子どもの使うことばがていねいです。ていねいなことばは、ていねいな所作を生みます。授業の後、2、3人が並んで立っていました。聞けば、トイレに行くのに並んでいて、トイレのスリッパ置き場にスリッパがないので使用中とわかるとのこと。なるほどと感心すれば、不思議そうに私の顔を見て、当たり前のことなのにと言います。

子どもの使うことばを気にしてみると、まだまだ課題も見えてきます。本を読んでいる子に聞けば、「みんな読んでいる」と話す子。出来事の感想を聞けば「おもしろかった・たのしかった・すごかった」と言います。特に気になるのは、「わからない・むずかしい・できない」と話す子。ていねいに時間をかけて聞き出せば、わからないことの中身がわかり、指導の方法も立てられるのですが、「わからない」ままで済ましてしまう怖さを感じます。「みんなやっています」「わかりません」のような広いことばは、思考を必要としない楽なことばです。しかし、広いことばには言語生活の危うさがあります。

「むずかしいからやめる」と子どもが言います。2桁で割る割り算の商を立てる学習で、数が大きくなったり小さくなったりでなかなか厄介な計算でした。「割り算の商がうまく立てられない」と話せる子どもであれば、どうやって商を立てればよいかにポイントを絞った学習ができます。広いことばを使うと考え方が短絡的になる……そのままにしておくと、考えない子になります。思考力のもとは、ことばです。子どもの使うことばに関心を持ち、ことばの力をつけていくことに目を向けてほしいと思います。

子どもが輝くとき　――未来を思考する――

研究授業で3年生の教室に行きました。理科の授業で、はじめに学習課題「粘土の形を変えたら重さは変わるのだろうか?」が教師から提示されると、子どものやる気がすぐに高まりました。「丸めた粘土を平らに薄く延ばしたら軽くなるかもしれない」「丸めた粘土をちぎって小さくしたら軽くなるかもしれない」「形を変えただけで粘土を増やしたり減らしたりしてないから重さは同じ」など、一人ひとりの思考のずれが学習課題に結びついて、授業の導入段階から学習意欲が高まり、その後の実験と結果、考察まで自ら学ぶ姿が見られる授業でした。

授業の導入段階で、「昨日の授業でどんなことを勉強しましたか?」と教師が働きかけをすることがあります。小学校の学習は、前に習ったことを基にして今日の学習課題を解決することが多いので、この働きかけをよく使います。授業の導入は、子どものやる気を起こすことが何より肝心ですが、逆にやる気を萎えさせることもあります。例えば、国語のスピーチの発表の授業では、発表にあたっている子どもははりきっています。導入で教師はスピーチで何に気をつけて発表すれば良いかと質問します。それを今日の学習目標として、発表する人も聞く人も意識して学習してほしいと考えたためです。確かにその通りにいけばいいのですが、それに時間がかかり、その後の授業展開まで活気がなくなることがあります。「スピーチでがんばることは何ですか？」と質問しても手を挙げる子は数人で、発言にも勢いがありません。そこで教師はあの手この手を使って思い出させて、やっとスピーチが始まります。たいていの子どもは、前を向いて話す、はじめ・なか・まとめを意識して話すといったスピーチの目標を頭に入れて練習をしてきているので、「スピーチでがんばることは？」というわかりきったことは答えようとしません。「今日の学習目標は○○でしたね。さあ、Aくんからの発表です。」で授業を始めれば十分です。授業の導入は、前の復習を省き、すぐに学習課題に入ることがあってよいのではと思います。今日の勉強は何だろうと期待を持つ授業、今日の勉強でもっと上手になりたいなと上を目指す授業の導入であれば、子どもの学びは成立し、質の高い授業ができます。

子どもは、未来を思考するとき輝きます。先日、大学進学が決まったと卒業生があいさつに来てくれました。簡単には進学できないところで、相当な努力の積み重ねをしたはずです。小学校のときはおとなしい子どもで、学習の様子は良いことばかりではなく、思うように成績が伸びないこともありました。中学校に入ってから、「中学校は楽しいよ、先生。」と笑顔を見せていました。「中学入試の志望理由に中学校に入ってやりたいことを書いたら、その気になって、ほんとうにやりたくなって、中学校に入ってからがんばりました。高校に入ってからもなりたい自分を決めてやりました。」と話してくれました。中学校の成功体験を高校でもやってみたということです。

子どもは授業で新しいことを発見し、課題解決をしようと前を向いているとき、以前に学習したことを想起して活用します。夢や希望に向かって突き進むとき、これまでの経験と知識が役立ちます。子どもは未来を思考するとき、過去を生かして一歩前に進む力とするのです。

「あと少し」と「いいぞ」

子どもの日記に返事を書くとき、何気なく使うことばでも、子どもへの届き方が違ってくることがあります。お母さんに頼まれたおつかいをしたという日記に、「いい子だね」と書くこともあれば、「お母さんは助かっただろうね」と書くこともあります。「いい子」のほうは、親との約束を果たしたことに対することばです。それに対して「助かった」は、忙しいお母さんを知っての子どもの行動を教師が受け止めていることばです。お母さんの返事も同様に、「ありがとう。助かったよ。」と書けば、感謝が子どもに伝わります。テストの○つけをしていたときのことです。惜しいミスがあり、それさえなければ満点だったときに、「あと少し」と書いていました。惜しいなあ、がんばれよと思ってみたり、なんでこんなつまらないミスをするのだろうと思ってみたりの「あと少し」でした。この「あと少し」の返事を続けていました。3か月たっても半年たってもミスは減りませんでした。ミスを減らしたいのなら子どもの心に届く働きかけがあったはずです。

「先生に書いてもらった日記の返事を読むのが楽しみでした。」と卒業生が言ったことがあります。それは、「いいぞ」という返事でした。「速く走ることができたとか、友達に親切にして気持ちが良かったとか、そのときの返事は、いいぞでした。いいぞと書いてあると力が湧いてきました。それから、テストの点数が悪くてもいいぞのときがありました。これでいいんだなと思いました。テストでどこをどう間違えたのか考えるようになりました。」

ことばを大事にするということは、「ことばに心をこめる」ということだと思います。人にものを教えてもらったときは、「ありがとうございます」が言えること。人に辛い思いをさせたときは、「ごめんなさい」が言えることです。「ありがとうございます」「ごめんなさい」があれば、けんかしても仲直りができます。相手を許すことができます。いじめ、暴力など新聞やテレビに取り上げられ、識者と言われる人たちのコメントを見聞きします。問題の起きた学校は、どう対応し、教育を変えていくのか問われています。その一方で、日々教師たちは子どもと向き合い、子どもの学びの姿に眼差しを向けています。子どもの日記を読み、テストの◯つけをして、どう子どもに返していくかを考えています。「思いやりの心を持とう」を繰り返すのでは変わりません。「あと少し、相手の気持ちを考えれば問題は起きなかった」と注意しても子どもには届きません。教師自らが「ありがとうございます」「ごめんなさい」をやって見せ、子どもが言えるようにすれば、問題は大きくならないのではないかと思います。

「いいぞ」と言われた子どもは、一歩前に踏み出そうとします。「ありがとうございました」が言える子どもは、人に温かい眼差しを向けるようになります。「ごめんなさい」が言える子どもは、過ちを繰り返さない決意を持ちます。ことばを大事にすれば、心が育ちます。

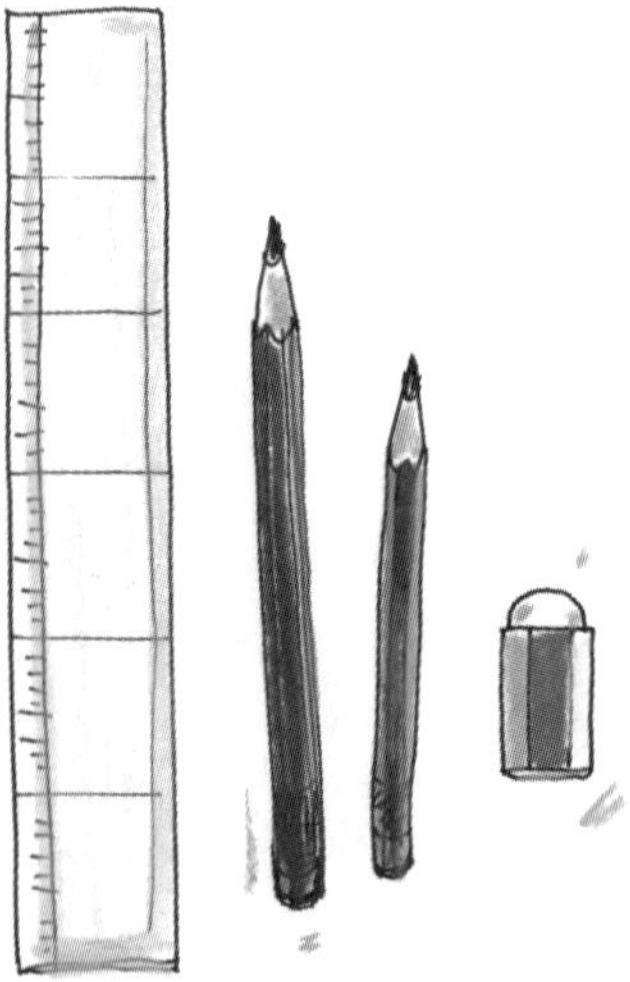

道徳性は授業で育つ

4年生の音楽の研究授業を見に行きました。研究テーマは協働学習。歌「とんび」〈注〉を題材にし、グループでどう表現して歌うかが学習課題。教師は、一人ひとりに考えさせておいて、その後、グループのメンバーが相談して練習させる場面は見事で自ら学ぶ姿のある授業でした。歌詞を読んで情景を思い浮かべ、似たイメージを持っている子どもが集まったグループですから、主体的な活動が期待できます。実際、お互いの意見を比較し、自他の意見を取り入れて完成度を上げていく授業展開でした。人の話にも耳を傾け、「そのアイデアはいいね」「そのやり方で歌ってみよう」と信頼関係が結ばれます。クラスで普段あまり話をしない人とも、一緒になって力を合わせることは、子どものうちに多く経験させたいことの一つです。授業のめあてに向かうことが音楽の技能を高めることにつながり、そして、知識や技能を追求する態度や仲間と高まり合う連帯性を培う授業でもありました。

良い授業とは、偶然できるものではありません。教育科学と人間性の両方が必須です。科学的に計画され、授業が展開される中で教師と子どもが主体となっていく授業が良い授業です。授業の展開では子どもと子ども、教師と子どもが力を合わせ、活発な意見や深い思考や新たな発見が生まれる授業が良い授業です。授業によっては機械的に教える場面もあります。わかっていること、できあがっていることを教師が教えるのも授業です。しかし、それだけではありません。ときには教師も子どもと一緒になって追求し、学習課題に迫っていくこともあります。

国語の教師が、教材『大造じいさんとガン』〈注〉という文学作品を扱ったときのことです。学習課題は、この作品のクライマックスを探るというもの。子どもの意見は2つに分かれました。ガンの頭領である「残雪」に銃を向けていた大造じいさんが銃を下ろすシーンと、「残雪」が最期のときを感じてなおも大造じいさんと向かい合うシーンの2つです。ほとんどの子どもが銃を下ろすシーンだと主張しました。教師は文章の前後を読ませ、あるいは、文章を客観的に読ませるために根拠となることばを見つけさせました。そのおかげで活発に意見が出て深い思考ができました。大造じいさんが銃を下ろした理由は、仲間のガンをはやぶさという恐ろしい敵から命懸けで守る「残雪」に心を打たれたからだという意見と、それよりも傷つき倒れているのだが、体を起こして第二の敵をむかえる「残雪」に心を打たれたという意見にわかれて話し合いが展開されました。子どもと教師がひとつになって学習課題に迫り、確かで深い思考が展開され、読む力をつけた授業でした。

教師は教材研究をして、教育方法や教育技術をしっかりもって授業に臨みます。この計画・組織された授業を生きたものにするのは、人間性であり、人間が主体となって授業をすることです。教師と子どもが主体となって学習課題に迫れば、知識・技能、追求の態度といったものが身につきます。それに加え、信頼、連帯性、人への敬意を培うのが授業です。授業の中で学力と道徳性は育ちます。

注
「とんび」…作詞　葛原しげる、作曲　梁田貞による日本の童謡。文部省唱歌。
『大造じいさんとガン』…椋鳩十による童話。老狩人の大造じいさんと利口な鳥であるガンの頭領「残雪」の知恵比べを描いた作品。

卒業する6年生

「夢や希望を持って学校生活を送ってほしい」これがいちばんの願いです。夢や希望を持つには目標を立てチャレンジしなさいと子どもたちに話してきました。そのためには教師が授業力をつけ、子どもに知識・技能（基礎基本）と自ら学ぶ力（自ら考えて、判断し、行動する力）をつけていくことだと教職員に伝えてきました。

先日、6年生の授業を見に行きました。そこには受け身の学習ではなく、自ら進んで学ぶ生き生きとした姿がありました。授業を見ていると、これまで6年生が、自ら考えて、判断し、行動してきたことを思い出しました。

・学校公開で幼稚園児を遊ばせる企画を考え、試行錯誤しながら準備を進めていたこと。
・夏の「山の学習〈注〉」で活動計画を何回もやり直し、実現可能で納得のいくものにしたこと。山登りで友達を励ましながら登りきったこと。最終日には自分の行動を見つめ直したこと。
・運動会の競技や応援合戦、準備や片付けで何をどうすべきか考え、自ら行動したこと。

・文化祭や音楽会でも進んで行動し、少ない練習時間であっても音楽会を成功させたこと。

知識・技能と自ら学ぶ力を身につけるには、手を抜かず地道な努力を続けることが必要です。はじめはうまくいっても途中で必ず壁にぶつかります。そこで修正していく思考と意志力が、自ら学ぶ力となり、知識や技能が徐々に備わってきます。意志力とは、目指す自分の目標を持ち続け、希望を捨てずにやり通すことです。

今年だけでも新聞やテレビで痛ましい出来事がいくつも伝えられました。学校は、将来に目を向けきらきらと輝く子どもばかりではないことを認識するとともに、夢や希望を持って学校生活を送らせなければならないと思います。「希望さえ失わなければ生きていける」と東日本大震災〈注〉の津波で両親と兄弟を失った高校生のことばを思い出します。大人には、どんなことが起きても前を向いて一歩踏み出すための力を子どもにつけてやる使命があります。

卒業していく6年生は、作文に自分の夢や希望を書いていました。中学受験が終わると気持ちが切れてしまいがちですが、授業では学びの姿が見られました。自ら課題を持ち、何をどのようにしたらよいか判断し、行動する姿がありました。この背景には、家庭の力が大きく働いています。朝、あいさつをするときに6年生と話をすれば、「朝早く起きたら集中して勉強できるようになりました。」「朝は忙しいけどしっかりご飯を食べています。」と言っていました。6年生は受験勉強第一になりがちですが、「早寝、早起き、朝ごはん」が守られている家庭教育の確かさがありました。学校の廊下ですれ違うときに会釈ができるのも6年生でした。家庭でしつけ教育が行われ、子どもは落ち着いて学校で礼儀や自ら学ぶ力を身につけ、家庭でも自ら学ぶ行動がとれたのです。

小学校で身につけた自ら学ぶ力は大きな財産になります。希望を失うことなく、夢に向かってチャレンジしてほしいと願っています。

注

「山の学習」…3、4、6年生の夏に行う宿泊学習です。6年生は2泊3日で島根県にある三瓶山で実施しています。

東日本大震災…2011年3月11日14時46分頃に発生。三陸沖の宮城県牡鹿半島の東南東130㎞付近で、深さ約24㎞を震源としたマグニチュード9.0の日本国内観測史上最大規模の地震。岩手、宮城、福島県を中心とした太平洋沿岸部を巨大な津波が襲いました。

希望を持つ

4月、子どもたちは入学、進級し、新しい学校生活に希望を持って迎えました。みんな学年が上がる喜びを持ち、新しい先生や仲間、新しい教室、新しい教科書、新しいことが始まる希望がそこにはあります。そして、1年たった今、それぞれの夢や希望を目標に変え、やり通したものを誇りにし、終えようとしています。その目標の中には、やり通せずに終わってしまったものもあるはずですが、やり通したことに目を向けることが大事です。子どもというのは楽天性を持ち、できなかったことではなく、できたことに目を向けます。特に1年生は入学したての頃はなかなか自分らしさが出ないのですが、新しい学校生活に希望を持つことで、不安があっても大人よりはずいぶん早く自分の居場所を見つけ、しだいに存在感を見せ、希望に満ちています。

1年生が私に手紙を届けてくれました。

こうちょうせんせいへ
2つうれしかったことがありました。1つめは、のぼりぼうでうえまではやくのぼれるようになりました。がんばりまめとあしのかわがむけていたかったけど、まいにちがんばったよ。
2つめは、くつでもすいすいのぼれるようになったし、くつしたでものぼれるようになりました。
つぎは、たけうまとなわとびです。にじゅうとびをがんばります。

がんばりまめを作ったのですからこつこつと努力を続けたとわかります。足の皮がむけたのですから痛みを我慢して続けたとわかります。それでもやるのは目標があるからです。希望を持っているから頑張れます。できるようになるには苦しみが伴うものですが、3年生くらいまでは、やりたいからやるのだと思います。特に、何でも挑戦する子どもは痛みを伴うことや思い通りにいかないことがあってもそれを苦にしません。痛みや辛さはあって当然のように、当たり前のこととしてやっています。まさに、体で考えています。4年生からはどうやれば効果的な練習ができるかと思考するようになる時期で、苦手なことにも挑戦できるようになります。苦しいけどそこを乗り越えると楽しいと子どもは言います。卒業した6年生は、苦しいけどあれこれ考えてやっていたら運命の女神がほほ笑むときがくると言っていました。一方、3年生までに体で考えることを十分やっていないと、苦手なことから逃げてしまいがちです。しかも、習い事が増えたことによる日常生活の変化についていけず、やる気がなくなることもあります。先日、この話をあるお母さんにすると、「思い当たることがあります。生活を見直します。」とすぐに対応されました。

春休みは心を整えるときです。うまくいかないことがあれば伸びるチャンスととらえ、子どもと一緒に何をどうすればいいか考える機会を作ってやってください。入学を迎えたときのように希望を持っていれば、苦しいことも乗り越えられます。4月は進級の喜びとこれからの希望を持って迎えられるようお願いします。

シーズン２

学校の始まりに

学校のくすのきが新しい葉をつけ、鮮やかな緑が校庭を明るくしています。地にしっかり根をはり、空に向かってまっすぐ伸びるくすのきを見ますと、子どもの成長を果たす学校教育の使命を感じます。

学校の始まりの始業式に、学校全体で取り組む3つの目標を伝えました。

1つ目は、礼儀です。『安田式しつけ教育』という本があります。今年はこれをもとにみんなで礼儀が身につくようにしていきます。

2つ目は、国語力です。算数をするにも社会をするにも教師の話を聞き、自分の考えを人に話すことでかしこくなれます。国語はすべての学習の基礎です。今年も聞く力と話す力をつけます。それに加え、書く力をつけます。3年生以上のみなさんは日記を生活ノートに書いていきます。日記を書いたら最後に漢字を何文字書いたかを書きます。漢字をたくさん使えば、考える力がつきます。考える力がつけば、体育でも音楽でももっとできるようになります。

3つ目は、チャレンジです。夢や希望をもってチャレンジし、実現する力をつけます。

1年生から3年生は失敗が財産になる時期です。どんどん失敗してください。1年生で「のぼり棒の上まで登りたい」と誰しも思いますがなかなかできるようにはなりません。手のひらにまめを作り、足の甲の皮がむける人ができるようになります。いろいろなことができる子は練習するのが当たり前だと思っています。ですから練習するのは苦ではなく当たり前のこととして練習しています。1、2、3年生はどうやればよいか悩むのではなく、こうしてみよう、駄目ならこうしようと体で考えながらやります。4年生、5年生は、夢や希望をかなえるために今何をすればいいか考えてから行動します。今を考えるのです。そして、6年生では世界観が広がる時期です。未来を思考する学習を行います。

「しつけ教育」「国語力」「夢・希望」これら3つに加え、「くすのき」「グローバル人材育成」の5つのプロジェクトを昨年に続いて取り組んでいきます。

「くすのき」というのは、教科「くすのき」の授業のことです。「くすのき」の授業では、1年生のはじめの時期に授業準備やものの片付け指導を繰り返し行います。授業中の話を聞く姿勢も身につけます。1年生の子どもたちは難しい計算がしたい、お話を読んだり文を書いたりしたいのですが、入門期の指導として「しつけ教育」は欠かせません。もちろん、花を育てて観察記録を書いたり、七夕について調べ学習をしたり、理科や社会につながる体験的活動を「くすのき」の授業でやり、自然に親しみ、伝統文化を大切にする学習をしますが、しつけ指導を1年生から3年生までに習慣づけるようにします。4年生からはこの良い習慣を意味づけていきます。これまで親や教師の言うことを聞いていた時期から次第に自分の判断基準で行動する時期に変わってきます。10歳を過ぎるとこれまでの良い習慣をやらなくなることがあります。礼をするときはなぜこのような所作をするのか、どういう意味があるのか、自分はどう行動すべきかを教えたり考えさせたりして、自分で考えて行動する学習をします。型にはめた所作は心からのものでなければなりません。相手に敬意を持った上での礼儀こそ、子どもたちが大人になって生きていく上で必要なことです。

グローバル人材育成は、自己の確立と人間理解と英語の3つの柱で行います。はじめの2つは、「くすのき」のカリキュラムに位置づけて学習しています。英語教育はカリキュラムと教材を変えました。3年生までは授業時数を増やしました。日常使える英語をすらすら話せるまで指導します。ひとつの文を聞いて、書いて、読んで、歌って、すらすら言えるまで練習します。

この5つの取り組みで子どもの眼差しを前に向け、くすのきのようにまっすぐ伸ばしていきます。

一輪車を買ってください

新しい学年になり、新しい教室や新しい教科書など新しさの中で、子どもははりきっています。新たな仲間と知り合い、心を通わせる授業や休み時間も新しさ故の大切な時間です。そこにはいつも以上のがんばりと緊張があり、特に1年生はへとへとに疲れて帰宅する4月です。上級生は学びの姿がぐんと出る時期であり、集中力と持続力を精一杯使って授業に臨む時期です。また、自分の居場所づくりや人との関係づくりをする時期でもあり、子どもは試行錯誤を続けながら、4月にしかできない学びをしているところです。

今、3年生が登校後の朝の時間や休憩時間に一輪車で遊んでいます。多くの3年生にとって学校の一輪車は、待望の遊び道具です。安全を考えて、3年生になったら使っても良いというルールがあるので、この時を待っています。始業式の2、3日後だったでしょうか、3年生が、「一輪車を使っていいですか?」と朝の時間に尋ねてきました。恐る恐るという感じです。まだ、3年生は誰も遊んでいなかったので、使ってはいけないのかなあという思いだったのでしょう。体育の教師に聞くと使って良いとのことだったので、そう伝えると喜んで一輪車置き場に向かって行きました。その姿を認めたほかの3年生が一斉に一輪車を手にし、30台近くある一輪車が出払うほどでした。それから毎日、一輪車で遊ぶ3年生がたくさん見られます。

「先生、一輪車を買ってください。」と4年生が言ってきました。一輪車で遊んでいるのはほとんどが3年生です。4年生にしてみれば自分たちが遊ぼうと思っても3年生に一輪車を先にとられてしまうので、自分たちも遊べるようにしてほしいという考えでしょうか。訴えてきた4年生に考えを聞いてみると、「わたしたちは3年生がいたら一輪車で遊ばないようにしています。わたしたちが一輪車で遊んでいても、3年生がやってきたら、はいどうぞと一輪車を渡していきます。一輪車がもっとたくさんあれば3年生はもっと遊べると思います。」と答えました。4年生の要望は全体のことを考えてのことで、うれしく思いました。4年生に約束はできませんでしたが、今年中には何とか実現しなくてはと思いました。

その日から一輪車で遊ぶ子どもの様子を見るのが楽しみになりました。一輪車に挑戦中の3年生がほとんどで、みんな乗れるようになろうと一生懸命です。「先生、この線まで行けるようになりました。」と自分の伸びをつかんでいる子どもがいます。「先生、ここからここまで乗れるように練習しています。」と目標を持って行動している子どもがいます。どちらも自ら学ぶ力につながることばです。こうして体で考えていくことが、自ら考え、判断し、行動する力になっていきます。

「先生、○○さんはとても上手に乗れるんです。」と自分のことのように喜ぶ子どもがいます。これは遊びを通して心が育っているということです。学校ではこうしていろいろな場面で学びが行われています。授業も休み時間も大切な学びの時間です。

手を引いてもらって練習している子がいます。こうしてみたらとアドバイスをしている子がいます。上手な子どもが教えていると思いましたが、そうではなくて、一輪車が足りないから交替で教え合っているとわかりました。数が足りないマイナス面もプラスに変えている子どもの能力に感心しました。子どもの楽天性はここにもあると思いました。

ていねいをキーワードに

国語力を育てるために、ノート検定を始めました。ノート検定というのは、子どもが担任にノートを見てもらい、ていねいな字で書けていれば合格で、スタンプを押してもらいます。ていねいに書く習慣をつけるための試みで、先日1回目の検定を行いました。子どもの意欲や意識の高さを見ながら、この1年かけて5回程度やっていきます。

ノート検定の次の日、2年生がノートを見せてくれました。合格スタンプが押されており、誇らしげでした。合格スタンプは、ていねいに書いた証しです。合格スタンプはうれしいことですし、特別感があります。「ていねいな字を書いているね。」と言えば、「ありがとうございます。」とていねいなことばを返す子どもがいます。昨年の「ていねいに話す」に続き、「ていねいに」が子どもに徐々にですが広がって身についていることを感じます。別の子どもに、「ていねいな字を書けば漢字が覚えられます。こんなにていねいに書けば漢字がすらすら書けるようになります。」と話したところ、「ぼくは漢字を書くのが好きです。」とこの子も誇らしげでした。また、別の子のノートにはお母さんの書いておられた文字が見えたので、お母さんもていねいに書かれていること、お母さんがお手本となっていることを話しました。言われた子どもは、お母さんもですが、お父さんはもっとていねいですと教えてくれました。この子どもの背景には、ていねいに書くという家庭文化が備わっていました。

ていねいに書くことを子どものうちにやっておくと、漢字が覚えられます。字の形を正しくとらえて書こうとするのでスムーズに頭の中に入ってきます。漢字を覚え始める1年生から正しい字体を身につけ、2年生、3年生と続けていけば、そのあと漢字で苦労することはありません。4年生からの漢字の多くが形声文字や会意文字なので、3年生までの漢字の組み合わせです。3年生までに字体を正しくとらえて書く習慣がついていれば4年生からの画数の多い漢字でも苦労せずに覚えられます。この正しくとらえるということを可能にするのがていねいに書くことです。漢字や計算、英単語のような手で学ぶ技能が身につきや

すくなります。一方、学年が上がるとていねいに書いていたのでは時間がかかってしまい、算数的な思考や理科の科学的な思考をさせるとき、ていねいでなくていいから短時間で書かせたいと思うことがあります。ところが、算数の解答や理科の実験結果や考察を短時間で書き終えている子どものノートを見るとていねいです。社会見学で説明されたことのメモ帳にたくさん書いている字はていねいです。書くスピードのある子どもの字はたいてい整っており、乱暴に書けば速くなるとは言い切れません。ていねいに書けば、次第に書くスピードがついてくるようです。

「ていねいに」をキーワードに学校生活を見ていくと、子どもの成長において大事にしたいことが見えてきます。今年は「ていねいに聞く・話す」と「ていねいに書く」活動を通して、確かな学力と品格を培うことを目指していきます。

チャレンジのしかけ　――夢や希望を持ってチャレンジする――

1年生の教室から子どもたちの元気な声が聞こえてきます。耳を澄ませてみたら唱え歌をみんなでやっているところでした。算数の学習で、10までの数の理解のために唱え歌を授業に取り入れています。5は5と0、4と1、3と2……というように、リズムを取りながら唱え歌にして声に出します。10までの数の基本となる学習で、唱え歌の通り、数の合成・分解ができればこのあとでやる、10までの数の足し算や引き算につながります。それが、1年生の後半にやる1桁の繰り上がりのある足し算や繰り下がりのある引き算につながり、2年生、3年生、4年生の四則計算へと続くので、1年生の算数では大切にしている基礎基本の学習です。

この唱え歌を身につけるためには繰り返し練習することが必要です。すぐにはすらすらとリズムに合わせて言えません。途中で言い間違えたり、詰まったりしてしまうことがよくあります。すらすらと言えたら合格なのですが、合格は簡単にできません。この簡単にはできないところに良さがあり、チャレンジできる良い機会になります。

2年生が体育の授業でうんていとのぼり棒のがんばりカード〈注〉を持っていました。がんばりカードには、「うんていはひとつとばしで進む、横向きで進む」、「のぼり棒は腕の力だけでのぼる」というようにどの項目も簡単にはできないものばかりでした。2、3日練習してできるような目標ではなく、2年生の子どもにとってレベルの高い目標です。2年生の担任に高すぎるのではと指摘したところ、4月からうんていとのぼり棒をしっかり取り組み、上達しているので、高い目標を設定してさらに意欲を引き出しているとのことでした。子どもの側から考えれば、難しいだけに目標のうちの一つでも達成できれば十分満足できそうです。がんばりカードを持っている子どもたちはみな前向きで、チャレンジする意気込みがありました。

4年生が竹馬の練習をしています。休み時間にいつもやっています。体育の時間に検定があるそうで、そのために練習をしているようです。4年生の男の子でほとんどできない子がいましたが、毎日の練習で検定に合格しました。合格した後も、もっと難しい技をやりたいからと練習をしていました。検定で不合格になり、これではいけないと奮起して練習を始めた4年生もいます。ですから、どうやったらできるようになるか試行錯誤しながらやっています。5年生も練習しています。うまくなろうと向上心を持って練習しており、うまくなる力を持っている子どもです。そんな姿を見て、「竹馬は1年生と2年生で身につける技能なのにできていなかったのか」と不思議に思うのですが、やるべき時がついに来たということでしょうか・・・。そう考えれば、検定というのはチャレンジするしかけと言えます。たとえ、きっかけとならなくても次の機会を待つ構えが肝要です。次のしかけがチャレンジにつながればいいのです。

3年生の日記を担任から見せてもらいました。この子は、漢字の宿題で読めない漢字があったのでお母さんに質問して読み方を教えてもらったようです。でも、漢字の意味がわからないので3年生で学習した国語辞典を使って意味を調べました。この小さなチャレンジが自ら学ぶ力になっていきます。チャレンジするしかけは、教師の国語辞典の指導と自分で調べる良さを伝えたお母さんの日々の指導です。チャレンジする背景にはしかけがあります。

注

がんばりカード…体育や計算など学習のスキルを上げるために技をレベルごとに、または、種類ごとに載せたカード。

リーダーシップ　――自ら考え行動すること――

4年生の教室に行き、リーダーシップについて考える授業をしました。授業展開は次の通りです。

1. 勉強について知る
　基礎基本……教科書にあること
　自ら学ぶ力……自分で考えて行動する力（思考・判断・表現）
2. リーダーシップについて考える
　真のリーダーは仲間のために尽くす人である
3. 復唱と復命を練習する
4. まとめ（学習して学んだことを書く）

勉強について知るとは、3年生までは教師から教えてもらったことをしっかりやっていけば学力がついてきますが、4年生からは言われたことをするだけでは学力がつかず、自分で考えて、判断し、行動することが必要という意味です。4年生からは抽象的な思考を要する内容が増えてくるので、基礎基本を身につけることが難しくなってきます。さらに、基礎基本を使って問題を解決していくことが4年生からは求められます。ちょうど、4年生になって竹馬ができるようになった子どもがいたので、どうやってできるようになったのか聞いてみました。答えは、「竹馬を前に倒す」「竹馬に体を近づける」「お尻を少し引く」「つま先で立つ」この4つの方法を考え出したようで、自分で考えて行動したことが成功につながったと話してくれました。自分でどうしたらいいか考え（思考）、どうするか決め（判断）、繰り返しやってみる（行動）ということです。

次に、リーダーシップについて考えさせました。担任のこれまでの指導もあって、子どもはリーダーシップの意味をつかんでいました。普段やっている係の活動や日直活動は人のために尽くすことであり、それから、掃除や授業でのグループ活動でみんなのためになる発言や行動をすることが真のリーダーだとわかっていました。次に、教師から頼まれたら復唱して、頼みごとを済ませ、復命する練習をした後、4年生からは復唱と復命をすることを勧めました。

最後に、頼まれたことをするのは3年生までで4年生になったらどうしたらよいのか考えて行動すること、リーダーシップも自ら考えて行動することだと理解させて授業を終えました。

子どもの学習感想より

・いばってばっかりのリーダーではなく、みんなのために尽くすリーダーになる。
・先生に言われてするのではなく、自分が気がついたら自ら行動するということがわかった。基礎基本ができて、そして、自分から考えて行動できるようになりたい。
・リーダーシップとは今まで思っていたことと違い、人と人とが助け合い、そしてできるものだと思った。クラス全体、学校全体がリーダーシップであふれるようにしたい。

ていねいに聞くということ

先月のことですが、生活目標にあいさつを取り上げました。学校では先生に対してあいさつを進んでしています。ただ、先生以外となるとあいさつができないので、先生以外の人にも進んであいさつすることを目標にしました。そこで、いつも校舎の掃除や設備の修理をしている用務員さん、理科助手さんが教室に出向いて、話をする機会を作りました。子どもたちはそれ以来、出会ったときは、「おはようございます。」とあいさつをするようになり、仕事中に通りかかれば、「ありがとうございます。」と感謝する声が聞かれるようになりました。お世話になっている人の話を聞き、進んであいさつするようになったことをうれしく思いました。

今年はノート検定やしつけ指導など「ていねいに」をキーワードに教育活動を行っています。人の話を聞くことも「ていねいに」のひとつです。話をていねいに聞けば話した内容を理解し、内容を理解すれば考えて行動するようになります。「話を聞く子は伸びる」と言われるのは、このことです。逆に、話を聞かずになんとなくまわりを見て行動していると考えない習慣がつきます。話を聞かなくても何とかなるわけですから、聞いて考えることをしなくなります。一方、話をていねいに聞く態度があれば、聞いた内容をもとに考える習慣が身につきます。考えて行動する子どもにするには、ていねいに聞くことから始めます。

はじめに挙げた、学校でお世話になっている方から話を聞いた後の6年生の日記です。話を聞いて考えています。

本当に重要な人

今日、算数が終わり、委員会の間に用務員さんがいらっしゃいました。帰る時とかに飼育小屋にいて、この方は、いつも外でいろんなことしてるなあとしか思っていませんでした。ふと、もう一人の用務員さんのことが思い浮かびました。よくそうじをしていて、階段を降りる時、楽だったなと思いました。

特に心に残ったのは、わたし達が休けいしている時も仕事をしていることと、暑いなと思っていてもみんなのために外で仕事をし、部屋でもしっかり仕事をしてくださっていることです。

もし、やる気が出ない時は、こういう時でもがんばっていると思って、がんばりたいです。

ていねいに聞くというのは、授業以外でもあります。5、6年生の代表委員会の子どもが、熊本地震〈注〉で被災した人たちに募金を送ろうと全校児童に呼びかけました。代表委員が募金の呼びかけの文章を作り、クラスを回って募金活動をしました。話を聞いた子どもたちは、どう受け止めて何を考えたのでしょうか。ニュースで見聞きしたことを思い出し、被災した人たちの辛い思いを想像することはできたでしょうか。直接自分は手助けできないけれど、役に立ちたいという思いがあって募金したでしょうか。今回の募金活動は、聞いたことをもとに考えて行動する良い機会でもありました。

ていねいに聞くということは、考えて行動することにつながります。

注

熊本地震…2016年4月14日(木)21時26分以降に熊本県と大分県で相次いで発生した最大震度7を観測した大地震。

伝統文化体験学習

ねがいごと天までとどけ天の川
天の川かささぎよんではしつくる
ちょうちんとみんなのねがいひかってる
なつのよる三つのほしがかがやくよ

1年生と2年生が夏の行事「七夕会」を行いました。この俳句はこの学習を経て作られたものです。七夕会を覗いてみると、体育館で大きな笹の七夕飾りが目に入りました。各クラスで飾りをつくり、笹に取り付けたようです。願い事を書いた短冊も取り付けてありました。プログラムには、はじめのことば、七夕の話、七夕の歌、七夕クイズ、七夕ゲーム、おわりのことばとあり、司会役の子どもが会を進めていました。これらは、幼稚園や保育園でやっていることと変わらないと思います。日本の伝統行事をやる意義は、小学校も同じです。日本の良さを知り、日本人の自覚や誇りを持つことは、今後さらに大切になります。

七夕会を行う目的は、これだけではありません。小学校では学習としての目的があります。「くすのき」の授業で、はじめに宿題が出されます。七夕について調べる学習で、1年生にとっては、初めての調べ学習です。3年生になれば、自然や社会を題材に調べる力を身につける学習があり、6年生まで続けられます。たとえば、理科では野外に出かけて植物を1年通して観察し、社会でも見学やインターネットでの発見や気付きをメモやスケッチにして新聞やレポートにまとめる活動をします。このはじめの一歩として、1年生、2年生では年間数回、「くすのき」の授業で調べ学習を設定しています。

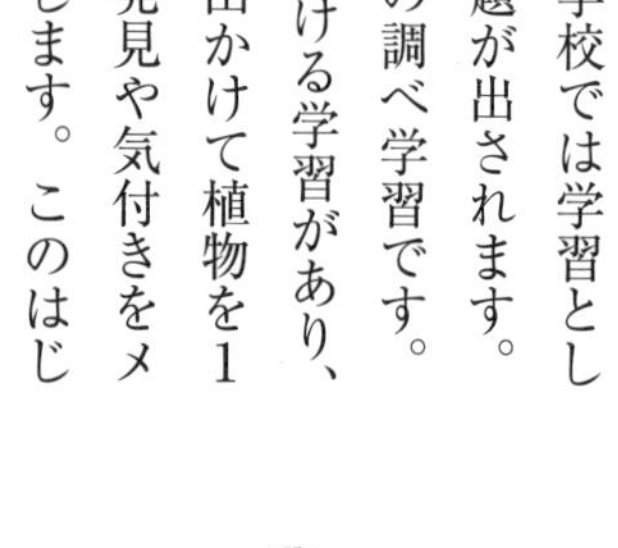

1年生や2年生は、家の人に七夕の日にすることや七夕の由来を質問してきます。事典を使って調べることやおじいさんに電話をしておじいさんのころの七夕を質問することもあります。それをクラスに持ち寄って伝え合うことで、知識は広がり、調べる面白さや調べる方法も知ることになります。この一連の学習は、この次の調べ学習につながり、レベルアップしながら調べ学習が行われます。調べ学習の後は、みんなでどんな七夕会にするかを話し合い、クラスか

ら代表委員を選出して、委員会で企画し準備を進めていきます。話し合いの力やみんなで一つのことを成し遂げる態度を身につけていくのも学習です。ですから、初めに記した、七夕飾りや七夕の話などはすべて子どもの自身の手で発案されたもので、1年生と2年生の担任は、子どものアイデアが実現するよう支援していき、当日も子どもの手で成し遂げるよう支えていきます。自分たちの力でやりきった自覚が自信になり、次の学習意欲になります。

調べ学習で得た知識をもとに、七夕会をどうするか自分で考え、判断し、行動する力をつけるのが、伝統文化体験学習です。

1学期の終わりに

4月に新しい学年になり、子どもたちは学校生活を通して様々なことを学んできました。新しいクラスになって友達ができた子は、友達がいなくて不安だったけど、「だいじょうぶ。いつか友達はできるものだ。」と学びました。算数の九九を覚えていたはずなのに時がたって忘れてしまった子は、復習することの大切さを学びました。

こうやって学んだことを自覚し、これからの活動につなげていくために、1学期の終わりには4月からの学習を振り返ることをします。

・1学期に水泳で15メートル泳ぐことができた。初めて15メートル泳げたからとてもうれしい。
・1学期にがんばったことは、モンシロチョウの観察をじっくりしたことです。
・スポーツの時間に登り棒をがんばった。なかなか登れなかったけど何回か練習をしていると半分まで登れるようになった。次は一番上まで登りたい。

・図工で自画像を完成させた。
・わたしの心に残ったのは、かんげい集会〈注〉です。ペアも変わったのでどきどきしました。今年もがんばりたいです。
・ノート検定できれいな字を書くようになった。

自分でがんばってきた1学期を思い出し、その中から特にこれを「やり通した」「実現させた」と思うことを1つ選んで書いたものです。

右記の子どもの振り返りを見れば、子どもは授業を通して成長するとわかります。子どもは成長するとき、自分でめあてを持ち、達成するにはどうしたらよいか考え、判断し、行動します。初めは、教師から与えられた課題であっても、自分でめあてを持てば、子どもは主体的に取り組むようになります。15m泳ぐことは到底無理でできないと初めは思っていても、教師の指導を受け、仲間とともにやっていけば、15m泳ぐことが自分のめあてになり、そうなればゴールに向けて自ら思考・判断・行動するようになります。

子どもは行事を通して成長します。「山の学習」で自分の荷物を準備することを学んだ3年生は、学校生活で学習準備をするようになりました。かんげい集会で1年生をみんなで迎えた上級生は、その喜びとともに、ひと学年大きくなった自覚と意欲を持ちました。特に、5年生と6年生は、図書や栽培、保健、代表などの委員会活動で下級生がより楽しく、よりよく生活できるようにどうしたらよいか考えて行動していました。

1学期に子どもたちは、自らめあてを持ち、思考・判断・行動すること（自ら学ぶ力）をやってきました。1学期を終えるこの時期に、自分のがんばりに目を向けることは、自分に自信を持ち、夏休み、そして、2学期からの学校生活に弾みをつけることになります。

注

かんげい集会…毎年4月、新入生を歓迎し親睦を深めるために行っています。6年生が主体となる代表委員会主催のゲームを行うなど高学年児童がリーダー性を発揮し、児童の主体性を高める活動として位置づけています。

宿泊学習

夏休み中、宿泊学習がありました。4年生「山の学習」〈注〉（吾妻山）と5年生「海の学習」〈注〉（県民の浜）と6年生「山の学習」〈注〉（三瓶山）の3つの学習を行いました。宿泊学習は3年生から始まり、それぞれテーマを設けて、それに向けた具体目標と活動を仕組んでいます。

宿泊学習のテーマ

	テーマ
3年「山の学習」	自立 自然
4年「山の学習」	自立　信頼　感謝 自然

5年「海の学習」	自主　協力　感謝 自然・命
5年「まほろば学習」	自主　敬意 伝統文化
6年「山の学習」	実現力（自己実現）　リーダーシップ　公徳心 自然

自立とは……自分のことは自分でやる。
信頼とは……友達との信頼関係。
自主とは……自ら課題を持ち、考え判断し行動する。
敬意とは……教師や友達、お世話になった人など人・もの・ことを敬う。
実現力とは……自ら課題や目標を持ち、構想して、行動する。
リーダーシップとは……人のために尽くす。

宿泊するのですから、ふだん学校ではできないことをさせています。右記のテーマにあるように、「自然」「伝統文化」の良さを体で感じ、それらを大切にする心と日本人としての自覚を育てるのが宿泊学習の意義です。この夏、４年生は循環型農業をされている農家見学、吾妻山登山などを体験してきました。５年生も海での泳ぎ方、シーカヤック、藻塩づくりなどの体験活動をしました。６年生は、広大な三瓶のフィールドを使い、登山や木工、温泉、埋没林見学、川遊びなど体験してきました。

そして、もう一つ宿泊学習には意義があります。集団生活を通して自分や人とのかかわりを見つめ、自ら課題を持って判断し、行動する力と向上心を育てることです。たとえば、宿泊学習では朝起きてから寝るまで健康的かつ社会的な生活を送るために、自分でやらなければならないことがあります。教師から言われてするのではなく、自分で判断して行動し、うまくできなければ次はできるようになろうと向上心を持つ学習をしています。これを自主・自立と言っており、３年生から５年

生までのテーマにしています。6年生はさらに高めるために活動計画を自力で立てる実現力がテーマです。宿泊学習の意義とテーマを作って指導を始め、3年目を迎えた今年、目に見えて子どもが自主・自立、実現力を意識して行動するようになりました。

また、感謝と敬意も育っています。特に5年生と6年生は水遊びや登山で友達を励まし、それに対してお礼のことばを言い、振り返り学習では尊敬の気持ちを表していました。その一方で、もう少しのこともありました。たとえば「ありがとうございます」が言えない子どもがいました。相手に伝わらない声になっています。昨年からの国語力「ていねいに話すこと」の指導の必要性を感じました。2学期からの教師の課題としていきます。

注

4年生「山の学習」…4年生の夏に広島県庄原市にある吾妻山で行う2泊3日の宿泊学習。

5年生「海の学習」…5年生の夏に広島県呉市にある県民の浜で行う1泊2日の宿泊学習（現在は廃止）。

6年生「山の学習」…P96参照。

2学期の初めに

——礼儀・国語力・チャレンジ——

5つの教育プロジェクトを念頭に置き、子どもに次の3つを2学期の始業式で伝えました。

1. 礼儀「しつけ教育」 2. 国語力 3. チャレンジ

礼儀については、月ごとに生活目標を掲げ、学校全体で指導していきます。9月は「落ち着いた生活（チャイムや安全）」が目標です。10月以降も「身だしなみ」「場に応じた行動」「そうじ」と指導します。礼儀はその場だけでは身につきません。しつけ教育では、同じことを繰り返し指導していきます。できなければできるようになるまで何度でもやらせます。何度でもがんばれるのが小学生です。しかし、4年生くらいからやらせる指導だけでは通用しなくなります。何のためにするのか、これをすると自分がどう高まるのか、今の自分はどう行動すればいいのか、子ども自身がその意義や目的を考え、自分の課題を見つけ、解決の方法を判断し、行動するよう指導しています。たとえば、友達の名前を呼ぶときは「さん・くん」をつけさせます。「〇〇ちゃん」と下の名前で呼ぶことや呼び捨てはさせません。悪い習慣には良い習慣がつくまで指導します。しかし、学年が上がると「さん・くん」をつけなくなることがあります。良い習慣が崩れたときは、当人の考えを聞きだすことや、「さん・くん」をなぜつけるのか、ていねいな言葉で相手や自分はどう高まるのか考えさせます。そして、自分はどう考え、どうしていくかを決めさせます。これを乗り越えたら本物の礼儀と言えます。

国語力では聞く力、話す力をつけるために、すべての教科で話す・聞く活動を取り入れて主体的に能動的に学習する場をつくり、お互いが高め合う授業をしています。そのために教師は授業を見せ合い、授業研究を全員が行って授業力を向上させる研修を続けています。

また、今年は書く力にも焦点を当てて、日記指導とノート検定を行っています。日記指導は、子どもの日記に漢字をたくさん書かせるために、目標字数を決めています。3年生は25字、4年生は30字、5年生と6年生は40字を目標にしています。

理科

今日、理科がありました。気体の性質について調べました。今日は、火が燃え続けるのはなぜか考えました。

まず、ちっ素だけの中に火を入れてみたら一瞬で消えました。今度は二酸化炭素だけの中に火を入れると、また一瞬で消えました。

まだ、実験はしていないけど、予想は酸素があるから火が燃え続けると思いました。予想が当たればよいです。

（6年生の日記より）

初めに題を書いて一日の出来事を題材に書いていきます。こうやって漢字を多く書くようにすると、漢字の力がつくだけでなく、内容がよくなります。つまり、考える力や書く力がついてきます。

ノート検定というのは、ていねいに書くことが目的で、ていねいな字が書いてあれば担任から合格印がもらえます。ていねいに書くことで理解が進みます。また、授業をおろそかにせず、落ち着いて学習することにつながります。

チャレンジとは子ども自らが高い目標を持ち、達成に向けてどうするか思考、判断し、行動を起こすことです。体育で一輪車に乗る目標を立てます。しかし、乗れるようになるのは簡単ではありません。できる人は腕を広げているから僕も広げてみよう、毎朝10分ずつ練習しよう、自転車に乗れた時にはスピードを出すと乗れたから一輪車でもやってみよう、こんなふうにどうやって解決するか判断させます。そして、実際に決めたことをやり抜くよう教師は支援しています。

2学期も確かな品格と学力をつけ、目標を持ってチャレンジしていく子どもを目指します。

2学期の始まり

2学期を迎え、学校に子どもたちが帰ってきました。教室では友達や教師と顔を合わせる子どもの笑顔が、グラウンドでは駆け回る子どもの姿が見られ、学校の息吹を感じます。

朝、1年生が、「お米ができています。」と言いに来ました。夏休み明けの学校の変化を誰かに伝えたくなったようです。「そうか、良かったなあ。」と答えるだけではもったいないので「先生にも見せてください。」と言ってみました。その子が、「ほら、ここにお米ができています。」と誇らしげに話しているうちに、「お米がたくさんできて、こんなに曲がっている。」「重くて曲がっている。」と気づきや考えを話し始めました。こちらが、「たしかに、垂れ下がっているね。」と言えば、「垂れ下がる？」と聞くので、上を向いているお米と垂れ下がっているお米を見比べさせました。そうしているうちに2年生もやってきて、株がいくつも分かれていることや稲穂にお米が左右に順序良くついていることを見つけていました。子どもというのは、観察力や表現力に目を向けてやれば、その力をつけていきます。2学期も授業や学校生活を通して子どもが学力をつけることを楽しみにしています。

始業式と目標

今日、始業式がありました。校長先生のお話を聞きました。
生活ノートの漢字は高学年は40字以上書くことが目標になっていることや、安田のしつけ教育の事についてお話しされました。そして、私の目標は、「2学期にある行事で6年生として活やくする」です。
この目標の通り、最高学年だし、2学期にはたくさん行事があるから、ふさわしい態度でのぞみたいと思います。

初日の6年生の日記です。みんなのために力を尽くす考えが伝わってきます。4年生になると先を見通して行動することが身につく時期で、5年生になると学校全体のことを考えて行動することができる年齢です。6年生になると、運動会や文化祭といった学校行事でどう行動すればよいか判断できる時期です。特に、6年生は学校行事を自分たちの手でつくっていく高い意識をもってほしいと思います。6年生が学校行事の中心になって活躍することは、人のために尽くす真のリーダーシップを身につけることになります。運動会で入場の集合をかけて下級生を並べ、入場のアナウンスをし、競技の準備や片付けをすることは、人のために役立つことで、尊い行いです。そのことを学ぶ絶好の機会が2学期にはあります。そして、人のために尽くす6年生を見て、下級生は育ちます。

身近な人のために尽くす行いは、将来、人のために社会に貢献する人になることにつながります。そのために学力も身につけます。これは、学校教育の目指すところであり、われわれ教師の使命です。

大切なことは家庭で教わっている

今週、高学年のクラスの授業に行く機会がありました。教室の前に来ると当番の子どもが、「先生が来られました。」と声をかけて、クラス全員で起立して迎えてくれました。休み時間と授業のけじめがついており、子どもと私は気持ち良く授業を始めました。運動会の全体練習で、1年生から6年生までがそろって教師の指示や説明を聞く機会があり、その聞く態度が立派でした。多くの人数の中でしかも野外で話を聞くのは、小学生にとっては難しいことです。それでもしつければできます。授業の初めのけじめも話を聞くことも「学習のしつけ」指導の一つですが、その成果が表れていることをうれしく思いました。

学校の教育成果は家庭教育のおかげです。先日、教え子のお母さんと会う機会がありました。卒業して何年か経っているので小学生時代を懐かしく思い出しました。その話の中で、教え子のお母さんは、「我が子の話を聞く態度が悪いので、きっと学校でも先生の話を聞いていないと思い、何度も繰り返し聞く態度を注意しました。」と話されました。私は、話をよく聞く子だと出会った時から思っていたので、不思議に思い、重ねて尋ねると、「毎日先生の話を家で私に話させていました。そうすれば話をよく聞くようになると思って。続けるうちに息子の話を聞くのが楽しみになって2人で笑って話すこともありました。」と教えてもらいました。

家庭でのしつけは子どもの教育に直接かかわることがあります。例えば、「お手伝いを子どもに」とよく言われることですが、親から「これを手伝ってほしい。」と言われるのは子どもにとって誇らしいことです。手伝いが終わった後、「助かったよ。」と言われれば、子どもなりに親から一人前と認められていると感じます。これが人の役に立つことの第一歩です。人の役に立つ喜びを味わった子どもは、社会に貢献する人になろうとする考えを持つようになってきます。

ただ、毎日手伝うのは面倒で続かないことがあります。ここでやめてしまえば、それを家族の誰かが受け持つことになります。面倒でやめてしまったけれど、やめたことによって家族に負担をかけていることに気づくはずです。その姿を見て、子どもは考えます。面倒だけど、またやってみようかと。そして、またやり始めます。こうなってくると、そのうち考えて行動するようになります。短時間で要領よくやる方法や手伝う時間帯を変えて自分の都合にあったやり方で持続できるように考えます。つまり、工夫することや見通しを持って考えること、そして、決めたことを修正することを学びます。

朝、学級園の草取りをする子どもがいます。栽培委員会で当番を決めてやっているようです。いつも苦にせず楽しくやっています。家庭での手伝いの話をしたら、家では食器洗いをしている子やお風呂掃除をしている子でした。学校を花で美しくし、人の役に立つことをする学校教育ではあるのですが、大切なことは家庭で教わっているのだと思いました。

どうすれば芽が出るのか

運動会で子どもが走る姿を見ていて感心しました。順位を決めるので1番になる子もいれば最後になる子もいます。最後になっても前を向き力の限り走る姿はすがすがしいものです。ただ、持てる力を出し切れなかった子どももいました。転んでしまったり、バトンを落としてしまったり、ミスをしてしまうことはあります。最善を尽くす気持ちで向かった子どもですから悔しい思いをしたはずです。そんな子どもの姿を見ていて、ふと担任をしていた時のことを思い出しました。

運動会ではなく、理科の授業で季節による植物の成長の変化を理解する学習のことです。5月にヘチマの種をまき、ほとんどの子は芽が出たのにまだ出ない子どもがいました。毎日水やりを欠かさずしているのですがなかなか出てきません。一生懸命のAさんは私にこう言ってきました。「先生、私のヘチマは芽が出ません。」いかにも不満そうです。自分はきちんと世話をしているのに芽が出ないのでおかしいと何かのせいにする様子でした。それから数日たって芽が出て大喜びしたのですが、その時よく聞いてみると家庭で、「どうして芽が出ないのか、世話をしているのか。」と責められていたようでした。この子は、努力すれば成功すると言われ、期待をかけられて育っている子でした。他にも芽が出ないBくんがいました。Bくんは、毎日芽が出ない鉢を見ていました。「どうして芽が出ないんだろう」『どうすれば芽が出るんだろう』と考える子でした。Bくんは普段から、できないことがあれば試行錯誤して行動する子でした。努力してできなければ、方法を変えてやってみる子でした。思い通りにならなくても苦にせず、希望を持っていました。

子どもに期待をかけると期待外れに終わり、「なぜ、あなたはできないのか。」と責めてしまいます。また、失敗をさせたくない心が働き、先回りして失敗させないこともあります。努力すればそれで良いと努力を目標にしています。Bくんのように希望を持って向かっていくには、親や教師が子どもに希望を持って接することが必要です。授業をしていて、教師は「どうしてこんな簡単なことができないのか。」と子どもに腹を立てるのではなく、「子どもたちにとって、この学習は難しいことなんだ。」と理解し、「どうやれば理解できるのか。」に考えを向けることです。

運動会でミスをして力が出せなかった子どもには、希望を持って語り、子ども自身が希望を持って何をどうしたらよいか判断し、行動するようにしたいと思います。たとえ、正解は出なくても心に留めておくことが肝心です。ずっと思い続ければいつか芽が出ることもあります。希望を持つとはそういうことだと思います。

話し合いとじゃんけん

毎朝、早く登校してくる子どもがいます。8時前に来る子どもは半数くらいいるでしょうか。早く来る子どもは、仲間と一緒に遊んでいます。サッカーやドッジボール、一輪車、鉄棒、竹馬などいろいろな遊びをしています。いつも目の前で4年生が野球をしています。野球はアウトとセーフで試合の流れが大きく変わるので、子どもにとって大事なことです。それだけにアウトかセーフか判断がつきにくいとき敵と味方で話し合い、折り合いがつかなければもめるのですが、この4年生はもめることがありません。先日、アウトとセーフで子どもが集まり何やら話していました。少しして、子どもは話し合いをやめて野球を再開しました。話し合っても決着がつかないと思ったらじゃんけんで決めるそうで、子どもは話し合いよりもじゃんけんのほうがうまくいく考えでした。子どもなりのルールを作り、遊んでいたとわかりました。

アウト、セーフの判断はじゃんけんでいいのですが、じゃんけんよりも話し合いのほうを選ぶ子どもにしたいものです。掃除当番で何をだれがやるか決めるとき、じゃんけんではなく、「階段の雑巾かけは順番にやったらどう?」『わたしが床を拭くから、Aさんは机を運んでくれる?」のように、話し合って決めることが子どもの学びとして大切なことです。しかし、なかなか簡単には話がまとまらないことがあります。「先生、みんながわたしの言うことを聞いてくれないんです。」と腹を立てて言う子どもがいました。その子の言い分はこうです。「Aさんの言うことはよく聞いているのに、わたしが言うと勝手に決めないでほしいと言われます。」その子はいつも自分勝手な行動をとる子でした。自分勝手な人が言っても周りが納得できず、普段から公平な態度で接しているAさんが言えば話し合いがうまくいく。話し合うことの難しさがあるのですが、これも解決の道を探って乗り越えさせてやりたいことです。

先週、3年生の社会科の研究授業がありました。「話す、聞く活動を通して思考力を高める」をテーマに、教師の授業力向上を目的にした研究授業です。スーパーマーケット、専門店、ショッピングモール、ネット販売の4種類の中から、カレーライスを作るにはどの食材をどこで買うか、4人のグループでもっともよい買い方を考える授業でした。それぞれの良さがあり、答えは一つではない学習課題なので子どもは、めいめい自分の意見を主張しあい、話し合いは盛り上がっていました。話し合いの後はグループ発表なので、話し合いに決着をつけなければなりませんでした。「野菜は品数の多いスーパーがいいね。」「ショッピングモールにもたくさん野菜はあるよ。」「それじゃあ、近くて便利なスーパーにしよう。」こんなふうに話し合っていました。

話し合うことの良さは授業を通して学びます。話し合いで高まりあうことや新しい発見があることが思考力を高め、話し合いがさらにうまくできるようになります。次第に相手の意見を尊重することや自分の意見を的確に話すことができるようになります。じゃんけんもいいけれど話し合いのほうがもっといいと言える子どもにしていきます。

書くということ

「国語力をつける」は昨年から掲げている取り組み事項です。国語力とは、授業で学んだ漢字やことばの意味などの語彙力と話す力・聞く力・読む力・書く力といった言語の力のことで、他の教科の学習で生かされて学力を上げることを目指しています。さらに、子どもが将来にわたって使える能力になることも目指しています。

今年は、書くことに目を向けて国語力をつける指導をしています。文章を書くというのは手間がかかります。手間がかかるということは、考える力がつくことにつながります。国語教材「ごんぎつね」の学習課題「中心人物のごんは幸せだったのか」であれば、書かれている内容をもとに自分の考えを決め、事例を挙げながら考えを組み立てて書きます。社会教材「農業生産」の学習課題「TPPに賛成か、反対か」であれば、自分の考えに必要な資料を選び、筋道を立てて書きます。

日記も国語力をつける大切な学習です。

きょう、図書で先生が読んでくださった本の中で、お米をかった後のわらが生きものたちの冬ごしようのすみかになることを知りました。

「わら」とは、いねをかった後にのこるくきです。これをとって、つみ上げたものが生きもののすみかになります。中には、アマガエル、カナヘビ、ダンゴムシ、カタツムリ、ナメクジがいます。冬の後のわらは、野さいがさむさにたえられるよう地めんにしきます。

お米は、食べられるだけでなく、生きものの家になったり、野さいのせい長をたすけたりすることが分かり、お米がもっとすきになりました。


2年生の日記で、はじめ・なか・まとめの構成で読みやすい文章です。学習したことを振り返って書くことで、理解が確かになります。


きょう、図書で本を一さつかりました。

わたしは、「フィーフィーのすてきな夏休み」をかりました。お兄ちゃんが、

「その本のシリーズはおもしろいよ。」

と言ってくれたので、わたしはお兄ちゃんの言う通りに、このシリーズの本をかりました。はじめ

を読んでみたら、おもしろかったです。
わたしも、おもしろい本をさがしたら、お兄ちゃんに教えてあげて楽しんでもらいたいです。本二十さつを目ひょうにしたいです。

これも2年生です。2年生の作文指導で会話文を使って書くことをしますが、それが身についています。また、「本をたくさん読みたい」ではなく、「二十さつ」と数字で表しているのは、あいまいな表現ではなく、教師の指導の成果が出ています。

書くということは考えることであり、それプラス生きる力を蓄えることになります。もし、書くことをしなければ何も考えないでいたところを、書くことによって、「お米のことがもっとすきになった」「本二十さつを目標に」と、生き方が見えてきます。自分の新たな面を作っていきます。つまり、書くということは成長することです。私たち教師は書いたものを読み、子どもの考えを受け止め、新たな成長を読み取ることを楽しみにしています。

ピアニストを目指した子ども

「山の学習」や「海の学習」などの宿泊学習に行くと、子どものことがよくわかります。朝起きてから生活を共にするので、身支度や時と場合に応じた行動といった自立面での成長が見て取れます。その一方で、「ありがとうございます」のことばが言えない課題も見えてきました。校内ではできていても、外に出て世話になる人にできないのであれば身についたとは言えません。学校では、感謝のことばは、「義務」ではなく「相手への敬意」から生まれるものだと教えています。文化祭では、敬意を感謝のことばで表すよい機会でした。親が働く姿を見て何も感じない子どもはいません。テントを運ぶ姿、食器を洗う姿、ごみを片付ける姿を見て、「ありがとうございます」と言える学びの場がありました。ただ、声が小さくて聞き取れない子どもがいました。引き続き課題としていきます。

文化祭の60周年記念演奏会〈注〉では、卒業生の姉妹がピアノの演奏をしてくれました。姉は広島で、妹は東京でピアニストとして演奏活動や教師をしています。記念演奏会で姉は小学校6年生の時の音楽会の話をしてくれました。ピアノ伴奏の希望者が5人いて、オーディションでは自信がなかったのですが選ばれて、演奏したことがきっかけでピアニストを目指そうと思ったそうです。そのとき妹は1年生でした。姉が音楽会で演奏する姿を見て、「優しいお姉ちゃん」から「憧れのお姉ちゃん」になり、ピアニストを目指すようになったそうです。小学校の時の夢を実現するには、中学校、高校、大学、そして卒業後も苦労の連続だったと思いますが、希望を失うことなく続けて夢をかなえました。そして、今回母校のためにかけつけてくれました。

夢はかなうことよりも実現しないことのほうが多いものですが、希望を持ち続けることは必ずその人を前向きに強くします。担任をしていた頃、心は優しいのにその優しさがうまく出せないので周りの仲間にとっては存在感の薄い子どもがいました。その子どもが委員会活動の委員長になりました。立候補する者がいなくて、勧めてみたらやる気になってくれたのです。全身が実直と思えるタイプで、多くの前で司会をさせるとぎこちないのですが、ていねいに話し、ていねいに活動します。周りの者にだんだんと良さがわかってきたようで、話に耳を傾けるようになりました。「きみは、人の前に立って話す才能があるかもしれない。」と言ったところ、「ぼくは、委員長や学級委員長に向いているのかもしれない。」とこちらが驚くほど自信を持ちました。「中高に行って生徒会長になる。」と言って卒業し、実際高校で生徒会長を務めました。

夢はすぐにかなうものではありません。夢がかなわないこともあります。それでもその子どもの可能性を掘り起こし、希望を持ち続けることを教えるのが学校教育です。

注

文化祭の60周年記念演奏会…本校は2016年に創立60周年を迎え、この年の11月に記念演奏会を開催しました。

ほめて育てているのですが……

小音楽会〈注〉のために毎日楽器を持って登校する子どもがいました。今日も練習するのですかと尋ねれば、「はい。」と笑顔で答えました。頑張っているのだねと言えば、「うまくなりたいから。」と答えました。小音楽会の当日に聞けなかったので、次の朝、小音楽会はどうでしたか？と大まかな質問をしてみました。その子どもは、「担任の先生に上手だったねと言ってもらいました。」とうれしくてたまらない様子でした。「うまく演奏できた。」や「ミスをして悔しかった。」と答えるかと思えば、教師からほめられたことが一番に出てきました。

教育相談で、お母さんが「ほめて育てているのですが、子どものやる気が出ません。」と困っておられることがあります。教師も子どものやる気のなさを見て、叱るばかりではなくほめなければと反省することがあります。「ほめて育てる」は、「ほめれば意欲がわく」ということでしょうか。「ほめればやる気が出る」、さらに、「ほめれば能力が上がる」のでしょうか？

教育経済学の観点からみると、自尊心が高まれば学力が高まるのではなく、学力が高いとその結果自尊心が高まり意欲的になると言われています。

中室牧子氏の著書『「学力」の経済学』（ディスカヴァー・トゥエンティワン、2015年）にはほめることと成績に関する内容を次のように載せられています（一部要約して抜粋）。

●能力が高いことをほめると子どもは意欲を失い、成績は低下する。

●努力をほめると意欲が上がり、成績は上がる。

〈実験〉能力をほめるグループと努力をほめるグループに1回目のテストをそれぞれに行う。

2回目のテストではもっと難しいテストをそれぞれに行う。

さらに3回目のテストで1回目と同程度のテストを行う。

その結果、能力をほめられた子どもたちは、3回目のテストで1回目よりも成績が下がった。一方、努力をほめられたグループは、1回目よりも3回目の方が成績が上がった。

つまり、ほめ方の違いは子どもの取り組み方に影響を与える。「頭が良い」と言われた子どもは、テストで成績が良いと「頭が良いからできる」と考え、テストの成績が悪いと「才能がないからだ」と考える傾向がある。一方、「よくがんばったね」と言われた子どもは、難しいテストでも「能力がないからだ」ではなく、「努力が足りなかったからだ」と考える。

成績を上げていく子どもは難しいテストであろうが、簡単なテストであろうが、テスト結果に左右されずに努力を続けています。楽器を演奏する子どもは上手になりたくて、練習しているのと同じです。毎日楽器を持って登校していた子どもは親御さんから、「毎日よくやっているね」「きょうは1時間続けて練習できたね」と言われているのかもしれません。担任にも、「上手だったね」「よくやったね」と言われ、さらに才能を伸ばしていくのだと思います。

注
小音楽会…文化祭の日に行う音楽会。4、5、6年生から1人または複数名で歌や楽器を演奏する出演者を募ります。

家読（うちどく）

今では当たり前のように行われている朝読書。学校での読書教育の取り組みですが、家読《うちどく》という言葉があるそうで、読書の場を家にも広げる試みのようです。学校だけでは本に向かう時間が限られており、読書欲や調べる力としての探求心を満足させるには学校と家庭の両方が望ましいという考えなのでしょう。

4年生の教室で学習単元「共に生きる」というお年寄りや体の不自由な人について学ぶ授業があります。その授業を覗いてみると、図書室にある本を使ったブックトークを司書教諭がしていました。障がい者スポーツから始まり、バリアフリーやユニバーサルデザインの話題が出されたところ、ほとんどの子どもが知っていました。図書室で読んだり、近くの図書館や家庭で読んだりしており、家読は当たり前でした。

年に2回、親子読書をしています。親子で同じ本を読み合って感想を持つ活動で、共感したり受け止め方の違いに気づいたりの、本を通した交流を家庭でしてもらっています。

親子読書の記録より

書名　まゆみのマーチ（重松清　新潮文庫）

歌が大好きでどんな場面でも歌うのをやめられないまゆみが、そのせいで学校に行けなくなってしまった。担任の先生がマスクをつけさせてまゆみの皮膚が真っ赤になったことから始まる。私は、この本を読んで疑問に思った。「だれが悪かったのか。どうやったら防げたのか。」と。答えは簡単だ。まゆみが歌をやめられるようになればよかったということだろう。でも、違うような気がする。確かに、まゆみは歌をいつも歌った。でも、歌が大好きな子に罪はないと思う。では、悪いと言えなかったお母さんとお父さんか。それとも、理由も聞かないでマスクをさせた先生か。私がたどりついた答えは、「だれも悪くない」ということだ。原因は絶対にある。でも、悪気はなかったわけだし、原因すべてが悪いとは言い切れない。

何年か経ち、まゆみは大人になった。もうふつうに暮らしている。まゆみはがんばったのだ。毎日チャレンジをしていた。お母さんの愛情をたっぷりと受けながら。今、その愛はまゆみのお兄ちゃんの子どもへとつながっている。愛とはすごいと思った。私にもこのようにたくさんの愛をくれる人が周りにいる。そのことに感謝したい。

（保護者の方から　一部抜粋）

今回の親子読書では親バカですが涙が出ました。娘の成長を感じることができてとてもうれしく思います。親子読書をこの本にすると娘が言ったとき、私は「もう少し明るい本がいいんじゃない。最近暗くて重い本を読んでいるから、もう少し明るいハッピーな本を読んだら？気持ちが沈まない？」と提案しました。けれど、この感想文を読んで、そんな提案をする私の方が愚かで間違っていたと気づきました。娘はこの本をこんなに前向きに肯定的に感じ取ることができるのか。そして、今まで娘が読んできた本の力を感じました。

「読書文化は、家庭にあり」

子どもと保護者から寄せられた親子読書の記録を読んで感じました。

国際人

3月のオーストラリア海外学習に向けての準備が始まりました。海外学習とは、ホームステイをしながら姉妹校のレディーマー・ルーザラン小学校〈注〉で一緒に学ぶ12日間の、グローバル人材育成を目的としたプログラムです。レディーマー・ルーザラン小学校では子どもたちが共に絵を描き、パソコンで作品を作るなどの双方が一緒に学ぶ授業プログラムが準備されています。この学校は、国際バカロレア〈注〉の教育課程を採用しており、その目的に則り本校の子どもを受け入れています。国際バカロレアの教育目的は、「多文化に対する理解と尊敬を通して、平和でよりよい世界の実現のために貢献する探究心、知識、思いやりのある若者の育成を目的とする。」とあります。保護者もホームステイに積極的で、外国の子どもの数日間の預かりですが、本当の家族のように生活を共にしてもらっています。

今、グローバル化の波は学校教育にも押し寄せ、大学入試改革がだんだんと明らかになってきました。大学入学の資格を問う試験を行い、問題解決型のテスト、思考・判断・表現力を問うテストに変わると言われています。それを受けて高校の教育内容が変わり、中学校も小学校も変わることになります。小学校では、主体的、対話的、深い学びの3つのキーワードが打ち出され、授業改革が求められています。これまでもやってきたことですが、改めて学校はこれまでの授業を振り返り、「教師から出された課題を、仲間と話して、一つの答えを見つけるような授業をしていなかったか」を考えるチャンスです。主体的とは「自分のこととして」、対話的とは「仲間と話を噛み合わせて」、深い学びとは「答えが一つとは限らない課題を探求していく」ことです。外国人とも日本人とも共に生きる社会が来ています。答えのない課題をみんなで解決に向けて探求する人が求められています。

以前、海外学習の引率でオーストラリアに行った時のことです。ホームシックで3日間泣き続けた子どもがいました。到着した日が金曜日で土日は家庭で過ごしたためすぐに家族となじめなかったのでしょう。ホームステイ先のお母さんは、動物園に連れて行ったり、ほかの小学生を受け入れている家庭に遊びに行ったり、3日間付きっきりで世話をしてくれました。私はモーテルに泊まっていたので、つまらないだろうと夕食に呼んでくれる家庭もありました。野生のコアラやカンガルーを見ようと山に登った帰り道、バスやタクシーはなく、夜道を疲れ果てて歩いていると、車に乗せてくれた地域の人もいました。
先日、東日本大震災の津波で被災したホテルの女将さんの話を聞きました。仮設住宅ができるまでの間の避難先として、食事を出し、コンサートや美容室、マッサージなどを提供し、今でも仮設住宅の人たちにお風呂を提供されているそうです。家族を亡くし家を失った被災者を救うために考え、行動した人でした。

海外学習に参加した子どもが作文に、「日本人は昔から人に親切でやさしいと思っていました。ところが、日本人よりもオーストラリアの人は親切だとわかりました。私たちはもっと人にやさしくなりたいと思いました。」と書いていました。オーストラリアの人や、東北の女将さんのような人が求められる国際人だと思います。

注
レディーマー・ルーザラン小学校…2015年に創立150周年を迎えたオーストラリアのアデレード郊外にある伝統校。本校とは2010年から姉妹校提携を結んでいます。普段の交流をはじめ、海外学習の受け入れ、現地でのホームステイ先の提供など、さまざまな面で協力関係を築いています。

国際バカロレア…国際バカロレア機構（本部ジュネーブ）が提供する国際的な教育プログラム。

子どもを伸ばす

「子どもを伸ばす」ということばを私たちはよく使います。学校は、子どもの可能性を引き出し、その様々な可能性を育てるところです。ですから、「子どもを伸ばす」ところが学校です。「この子は2学期に成績を伸ばした」「この子は積極的にチャレンジするようになった」と伸びた点を評価し、本人や親御さんに伝えるこの時期は、教師にとってうれしい時でもあります。しかし、実際に子どもを伸ばすためには1か月や2か月ではなく、時間のかかることであり、教師や親の指導が必要です。

子どもを伸ばすということは、子どもをありのままに見つめることから始まります。子どもを伸ばすことの始まりは、伸びる芽を見つけることです。子どもの「できない」「わからない」をなぜと問うのではなく、「どうしよう」の発想をすれば、子どもの伸びる芽が見えてきます。こうしなければいけないという考えを教師や親がもってしまうと、子どもを伸ばす発想が生まれてきません。

学校では、しつけ教育プロジェクトを昨年から始めました。子どもに落ち着きがないからどうすればよいかと考えてみたら、しつけ教育が見えてきました。さらに、落ち着きを本物にするためには、「くすのき（道徳性）」や「国語力」も見えてきました。実際には、すべてのクラスですべての教師が、「あいさつ」「ていねいに聞くこと」「ていねいに的確に話すこと」を指導しました。保護者にお願いして家庭でも指導してもらいました。1年間続けると、ていねいにお辞儀をする、体を向けて話を聞く、正しいことば遣いで話すなどだんだんと変容してきました。それに並行して授業態度が良くなり、学校の行き帰りは落ち着いてきました。子どもというのは、心が落ち着けば、授業に集中できる。授業内容がわかり、手ごたえを感じる。手ごたえがあれば、子どもは伸びます。今、履物がそろうようになりました。5年生と6年生の掃除当番は、自分の履物はもちろん、ていねいに靴箱を掃いて靴をていねいに元に戻しています。良い習慣をつければもう一つ良い習慣がつきます。先日の1年生のスピーチコンクール〈注〉では話す人に体を向けて聞いていました。聞くことは学習の根っこの部分です。そのうえで話すことが成立する良い授業でした。こうした学習の営みがそれぞれのクラスで行われ、「どうしよう」の発想から解決が始まっています。

子どもの「できない、わからない」があれば、目の前の子どもを見つめ、どうすればよいかを見つけることが肝心です。子どもを伸ばすことは、伸びる芽を見つけることです。これから先は、伸びた点やもう少しだった点をどう次につなげていくかが大事です。失敗や過ちは大切な宝です。

注

スピーチコンクール…「相手や目的、意図に応じて伝え合う力を高め、互いの理解を深める」、「コンクールの形をとることにより、学習して得た力を発揮することが励みとなる機会とする」ことを目標として、全学年でスピーチコンクールを行っています。低学年から段階的に学習して、論理的に話す力を身につけていきます。

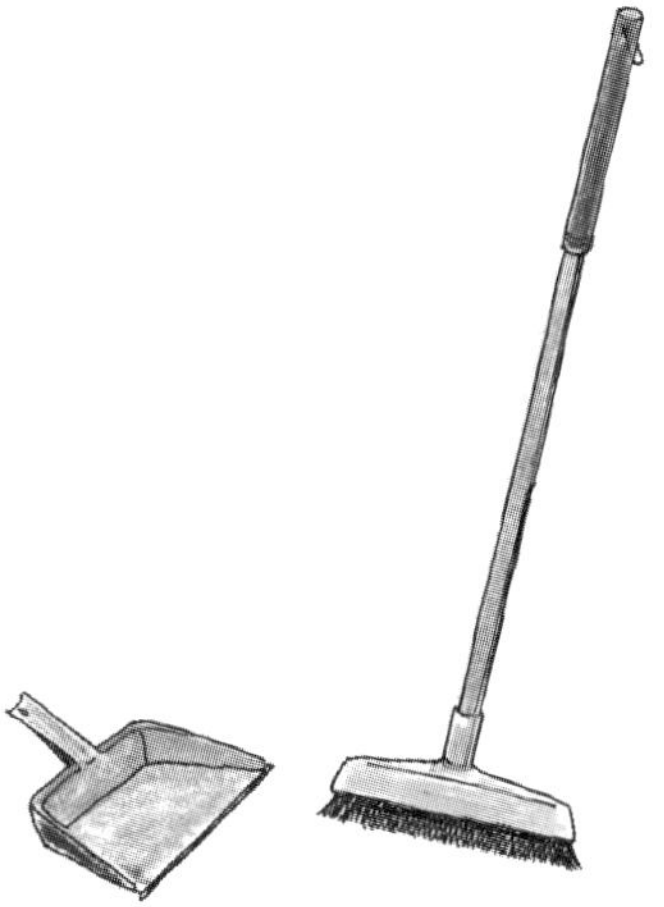

上がらない成績

親御さんから成績が上がらないと相談を受けることがあります。上がらないのはいろいろな要因があって、その子の置かれた背景や育ちもかかわるので、答えがすぐには見つかりません。しかし、必ず答えはあり、まずは子どもを見つめることから始めるようにしています。そう説明してもこれまでいろいろ考えて苦労されてきたわけで、時間のかかることでもあるので、学習塾に入れたり、学習塾から家庭教師に変えられたりすることもあります。学習塾や家庭教師に任せることで成績が上がることがあります。泳げない子をスイミングスクールに入れると泳げるようになるのと同じで、学習を重ねていくうちに内容が少しずつわかってきて、わかってくれれば楽しく意欲的になります。ただし、いろいろやってみても成績が上がらない子どももいて、それぞれの性質を見てから指導することが必要なのだと思います。

「ここまで上がれ」と高い目標を掲げて指導すれば、ぐんと力を発揮する子どもがいます。宿題を多く出しても、良い結果が出なくても、くじけずに勉強してきます。与えた目標でもそれを自分のこととして希望を持ち続けているから努力が続きます。たとえば、憧れの人との出会いをきっかけに、あの人のようになりたいと努力する子どもがいます。あるいは、「悔しさ」をばねにして高い目標を立てて頑張る子どももいます。先日、6年生の授業「くすのき」をしました。その授業で、「ぼくが今勉強を頑張っているのは4年生の時にクラスの人から頭が悪いと言われ、それから勉強をするようになった。」と書いていました。——憧れや悔しさは目標を目指して努力することにつながります。このようなやる気に火がつく子どもの背景には普段の規則正しい生活があり、自力で課題をやり遂げた育ちがあります。憧れはどんな子どもでも持ちますがそこからやる気にはすぐにつながりません。憧れを持って努力を始めるときに基本の生活習慣が支えになります。また、傷つく言葉を言われるのは誰にでもあることですが、大人が先回りして解決するようでは悔しさは出てきません。悔しさをばねにしたこの6年生には基本的な生活習慣のしつけと自力で問題を解決させる考えの家庭教育がありました。

また、「いっしょに伸びよう」とできることから始め、できることを積み上げていく指導で成績を上げていく子どもがいます。子どもの学習の様子を見ていると、「どうしてこんなことができないのだろう」と思いがちですが、「この子は、このことがわからないのだ。では、どこまでがわかっているのだろう」という見方が必要です。子どもの段階に合わせていっしょに学習を進めていくことに目を向けます。成績を上げるには時間のかかることなので二歩進んで一歩下がる意識で指導していきます。手のかかることですが子どものやる気に火がつくのを楽しみにしていけば教師も親も続けられます。続けていくうちに子どもの方から「早くやろう」「なぜ、どうして」が出るようになります。そのうちに学び方を自分のものにして、やる気に火がつきます。

子どもは伸びようとする心を持っています。成長にはいろいろな道筋があります。答えは一つではありません。子どもを見つめ、やる気に火をつける指導や環境づくりが大切です。

新年の目標と自ら学ぶ力

1年の計は元旦にありと言われます。新しい年を迎えた1月は気持ちが改まり、1年のめあてや計画を立てる絶好のときです。新年を迎えたとき、この1年の生活を考える良い機会にしてほしいと思います。

目標が決まったら、生活ノートに書かせます。生活ノートは毎日書きますから、いつでも目標を振り返ることができます。目標の立てっぱなしに終わらないために計画表を作り、毎日見えるところに張り出します。目標と計画を立てた後は振り返りが肝心です。初めのうちは毎日保護者も一緒になって振り返ってやります。その時、何がどこまでできたのかがわかれば意欲が出ます。そして、これからは何をどうしたいのか、頑張る筋道ができます。一方、うまくいっていないことに気づけば、目標をもっと具体的にするとか、期間を短く区切るとか、目標や方法を修正します。目標にチャレンジし、達成するには自ら学ぶ力を育てなければなりません。いつまでたっても親や教師に追い立てられてする子にしてはなりません。ここが肝心です。決して子どもを否定せず、一緒に考えて目標や方法を修正すれば確実に良くなります。新年早々腹を立てていては子どものやる気を落とします。親や教師は、否定のことばが出そうになったら、「子ども自身が学ぶ力を」と心に言い聞かせます。すると、腹は立ちません。今の子どもの状況をつかみ、一緒に修正する気持ちになれます。「今日できなかったところは明日追いつこう」「間違いが多かったけれどそんなことはたいしたことではない。今日は自分から取り掛かったのが良かった」と肯定的な評価ができます。また、「逆上がりは上達しなかったけれど自分でやり方を変えてみたのが良かった」「苦手な教科は大事なところを何度も読み返してからノートに整理する方法は良い方法だと思う。しばらく続けてみたら」と学びを修正する力や学びを組み立てる力にかかわることばが出てくるようになります。子ども自身も、自分から目標や計画を立て、どうやればいいか判断し、行動を起こすようになります。

目標が家庭でやる内容であれば、親子ノートも効果的です。ときどき振り返り、目標達成に向けた行いを文字にして見せてやります。ここでもポイントは、「自分で考えてやった。」「前よりも良くなった。」と実感を持たせることです。

目標を考え、計画を立てて、行動し、振り返り、修正することは学ばせなければできません。

この学び方を学ばせるのは学校の務めです。夢・希望プロジェクトは、この自ら学ぶ力の育成を目指しています。「私は高校生までずっと一日の計画表を作って勉強していました。計画表を作るとやる気が出て、寝る前に計画表を見るとやりきった達成感が湧いてくる」という卒業生がいました。小学校では6年間かけて学びの方法を身につけさせていきます。それが基礎基本の力と相まって学力はついていきます。

子どもが自分をよりよく変えていくための営みは、子どもの学びの力となり、親にとっても教師にとっても楽しい、希望の持てる行いです。

誇り　――創立記念日にあたって――

寒い日が続きます。特に朝の登校はつらい日が続きます。それでも、明るく笑顔であいさつをする子どもがいます。笑顔であいさつができてりっぱだと言えば、「山の学習の時に校長先生から笑顔であいさつをしなさいと言われたので、それから続けようと思って。」という答え。指がかじかむほどの朝でも、懸命にサッカーのシュート練習をする子どももいます。あまりにも寒そうなので、せめてゴールキーパーは手袋をしてもいいのではないかと言えば、「4年生の時に担任の先生から登校中は手袋をしてよいが、運動場で遊ぶときは手袋をしないで遊ぶように言われています。」と、きっぱりと私の提案を断ってきました。暖かい手袋をつけることができるわけですから、この提案に乗ってもと思うのですが、1年前のルールを今や自分たちのルールにしているようでした。笑顔も手袋も決められたことですが、それを自分のこととして考え、判断する子どもがいることを誇りに思います。この子たちを育てた教師と親御さんを誇りに思います。

私の知り合いに「嘆きの人」がいます。自分だけがたくさん仕事をしている。――この人に成長はありません。事を成し遂げることはできません。不満や不安があるのなら、そこからどう処理すればよいか、何をどう改善すればよいかを考えることから始めなければ、「嘆きの人」で終わってしまいます。すぐには妙案は生まれません。考えて考えて考え抜くことが必要です。正解はあるのかないのかわからないことですから、時間はかかるし労力は大きいものです。逃げ出したくなりますが、逃げる者には人も運もやってきません。苦労はして当たり前で、これをやり通したところに成果が生まれます。

誇りとは、何なのでしょう。人より優れていると、人との違いを見つけることではありません。鼻を高くして自慢することでもありません。積み上げてきた確かな価値だと思います。人に見せびらかすものではない、人から与えてもらうものではない、「自分のこととして」、「自分が創り上げるもの」です。「どう生きてきたか」「どう学んできたか」が問われます。

創立記念日にあたり、子どもたちには安田小学校の子どもとして自覚と愛校心を持つことを望みます。自覚と愛校心をその日だけのものにしないために大切なことは、誇りを持つことです。誇りは、入学して6年間の教師の授業の質の高さと子どもの学びの姿に依って、子どもが創り上げるものです。その誇りは、人間として社会に立つ芯になるはずです。

あきらめない子、立ち向かう子

大学に通う卒業生4人に話を聞く機会がありました。小学校の良かった点は？の問いに、「中学校や高校で教えてもらったとき、すでに小学校で先生から教わったと思うことがあった。」という答え。「新田先生には作文の授業で書き方を教えてもらいました。5年生の時、すぐには合格にならず、何度も書き直しをさせられたのを覚えています。課題をはっきりさせてから、課題に対する自分の考えを組み立てるやり方は高校でも同じでした。」と話してくれました。理科の実験や図工ののこぎりの使い方など、卒業してからすごさがわかったそうです。卒業生たちの、難しいことに対してあきらめずに立ち向かう意志の強さと物事をプラスに受け止める賢さを思いました。そして、この10年間、質の高い授業を追求してきた成果が出ているのではないかとうれしく思いました。

課題解決に向けてあきらめない子どもとは、目標に立ち向かう子どもとは、どんな子どもでしょうか。

縄跳びの練習をしている子どもが、「先生、見てください。」と言ってきます。意欲的に取り組む子どものように見えますが、そうではないこともあります。自分が頑張っていることを知ってほしいだけなのです。他の子を指導しているときは練習をせず、目を向けるとやり始めます。やる気が長続きしない子どもですから、難しいことは何をやってもうまくいきません。入門期の子どもで得意なことだけする子がいます。あるいは、1、2年生でこんなに努力しているんだと赤くなった手を自慢する子がいます。1、2年生のうちはこれでもある程度できるようになるのですが、4年生くらいからは課題が難しくなるので、避けて通るようになります。言い訳をしてやらなくなります。

立ち向かう子は、まなざしが違います。もっとうまくなりたい、苦しいけれど、その先に大きな喜びがあることを知っています。努力を努力と思わないで、やって当たり前と思っています。自分のこととして試行錯誤しています。そのずっとずっと先に答えが見つかる望みを持っています。

2年生が体育の時間に縄跳び検定をしていました。

あやとびが20回できるようになりたいけれど、足に縄が引っ掛かるようで、首をひねりながら練習をしています。できるようになった子どもは教師の前に行って、「先生、見てください。」と検定を受けています。また、別の子どもは、「私はあやとびが20回できて時間が余ったから、後ろとびを100回やる！」と跳んでいました。みんな縄跳びの検定を自分のこととして受け止めています。自分で考え、判断し、行動しています。検定という小さな望みを成功させて、まなざしを前に向けています。学びの場には失敗する子も成功する子も差はありません。どれも尊い行いです。教師は成功するまで寄り添っています。

課題解決に向けてあきらめない子どもとは、目標に立ち向かう子どもとは、「望み」を持つ子どもです。学校は、子どもと教師が「望み」を持つことを大事にしています。

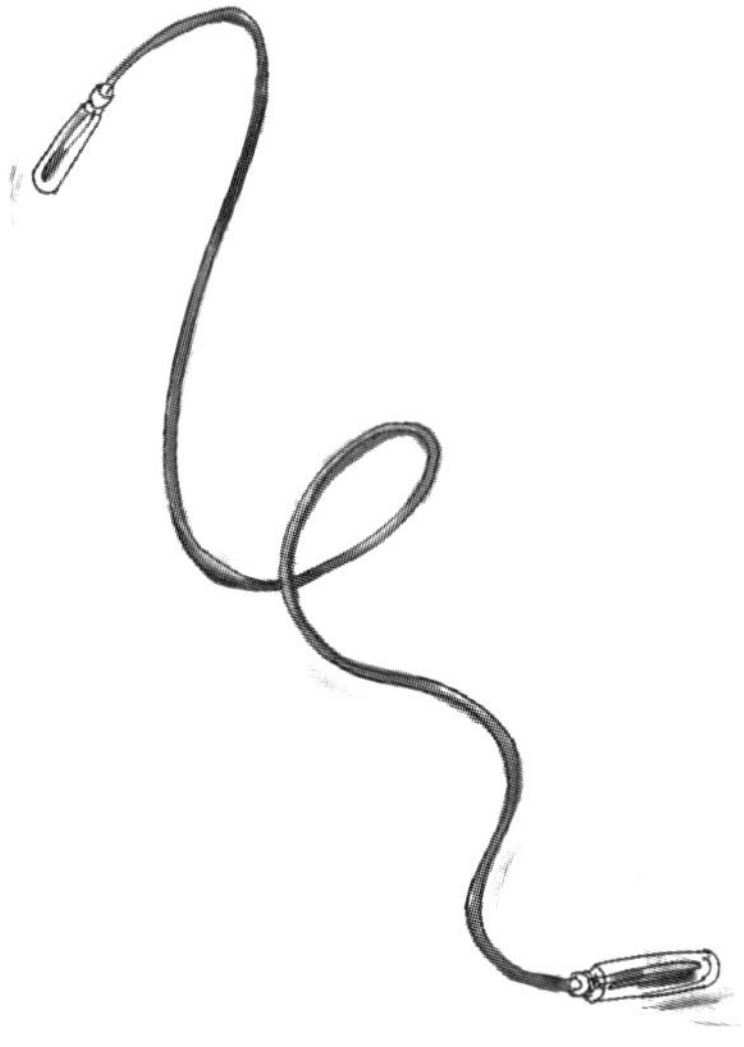

みんなで育つ

2年生の国語の研究授業を見ました。題材は『かさこじぞう』〈注〉でした。じいさまが町に出て一つも売れなかったかさを雪の降り積もる帰り道にお地蔵さまにかぶせるという心温まるストーリーです。ストーリー性のある文学作品を読む授業では、場面の様子の一つひとつがイメージできなければ、正しい解釈ができません。この授業で言うと、生活経験の少ない2年生にとって「貧しい暮らし」「正月のもちを買う」「吹雪く」「地蔵さま」の人物設定や場面設定の理解がなければ、指導目標であるじいさまの心情を正確に読むことや豊かに読み味わうことはできません。子どもたちの発言を聞くと、人物設定や場面設定の読みが事前にされているとわかり、授業準備の確かさを感じました。まず初めに読後の感想を書かせて子どもの読みの実態をつかみ、次に物語の設定を理解させる学習をした上での今日の研究授業でした。

授業は、じいさまが家に帰る道でお地蔵さまと出会う場面を取り扱い、学習課題は「じいさまのやさしさがよくわかるところを見つける」というものでした。個別学習でじいさまのやさしさが表現されている文を見つけた後、グループでの意見交換や全員での話し合いが行われました。じいさまが、「地蔵さまに凍りついた雪をかき落とす」「売り物のかさを地蔵さまにかぶせる」ところもあるが、「かさが一つ足りなくて自分の手ぬぐいを地蔵さまの頭に結ぶ」ところはもっともじいさまのやさしさが表れていると考える意見があり、他の子どもは賛成していました。しかし、「これでええ、これでええとやっと安心して家に帰る」ところに着目した子どもの発言で、なぜ、このことばがもっともやさしさを表しているのかをみんなで考える授業展開になりました。学校教育の良さは、課題をみんなで解決していくところにあります。ひとりでは気づかないことをみんなで話し合い、新しい発見のある授業でした。

このクラスはインフルエンザのために学級閉鎖になりました。1年生と2年生合同の豆まき会の前という時期で、お面作りの時間が取れず、「子どもたちはお面なしの参加」となるところでしたが、ひとりの子どもがみんなのお面を作ってきました。子どもたちはこの心遣いに感謝し、いっそう豆まき会に参加する気持ちが高まったと担任が報告してくれました。担任からは、2年生はみんなのために何かしたいと主体的に考えて行動を起こす子どもが多いと聞きました。この尊い行いはどこからどのようにして生まれるのでしょうか？

このみんなのために尽くす行動は、子どもを支えて応援する親と教師の存在から生まれます。そして、先に挙げた、「みんなで育つ」授業を通して生まれます。授業とは、わかっていないことを教師と子どもがいっしょになって追求し、課題に迫っていくことです。授業で、知識・技能を獲得し、追求する態度とか、法則を発見する力とか、思考力とか、判断力を身につけていきます。さらに、みんなで課題に迫っていく授業で、連帯感とか、信頼とか、相手を敬う心とか、協働性を身につけます。

社会に出て必要な知識・技能と能力・態度は授業で育ちます。道徳性も「みんなで育つ」授業で育ちます。

注

『かさこじぞう』…岩崎京子作の児童文学作品。

無駄な夢はない

子どものころは、無人島に行って生活してみたい、いかだを作って太平洋を渡ってみたいと夢を描いていました。そのために、火のおこしかたを調べるとか、ロープの結び方を練習するとか、どうすればよいか考えて準備をしていました。絵の具のチューブの使い古しを風呂場の焚口で溶かして型に入れ、ナイフにしようとしたこともありました。大人から見れば夢物語で、たわいもない夢の準備ですが、本人は結構本気でやっていました。今思えば、それを見ていた大人は黙ってみてくれていたのだと思います。こんな子どものすることに気の回らない時代だったのかもしれませんが、否定のことばはありませんでした。「そんなことをしても無駄だ。」「実現するわけがない。」と無理だと言う大人はいませんでした。おかげで、同じ夢を持つ仲間もできましたし、いっさい本を読まなかったのが図書室に行って本で調べることや旅行記とか漂流記で文を読むことを覚え、わずかながら知識や言語の力や想像力を身につけたのではないかと思います。

先日、6年生の「ドリームマップ」の授業を見ました。もうすぐ卒業を迎える6年生に、担任が設定してくれた授業です。将来何がしたいのか、どんな大人になろうとしているのか、どんな仕事を成そうとしているのかを思い描くことや、そのために今から自分がすべきことを考え、中学校生活に向けて確かな一歩を踏み出してほしいと願っての授業でした。

はじめは、自分を見つめることから始まり、仲間とお互いの良さを伝え合う活動でした。6年生になると自分の欠点に目が向くこともあるので、改めて仲間から良さを伝えてもらうことは本人にとって新鮮な思いです。自分の良さを感じることができれば、心にゆとりができて人は前を向いて考えることができます。自分の夢を思い描く活動が始まった教室は穏やかな雰囲気です。夢は、「笑顔で頼りにされる小児科医に」と書いた子どもがいました。自分が幼い時に病院に長くいて、その病院が大好きだった。やさしい先生がいて、仲間もいて、そんな病院をつくりたいと教えてくれました。子どもにとっての経験は大切です。経験が多ければ多いほど夢は広がり、熱い経験であるほど深い思考ができます。「電力会社のサラリーマン」と書いた子どもがいました。お父さんの仕事と関係があるようで、お父さんから仕事について話を聞いているようでした。そして、理科の授業で地球環境の保全について学習したのをきっかけに、発電方法を開発したいと思うようになったと教えてくれました。尊敬する人からの話は大きく影響しますし、学習したことから思いを馳せることがあります。

学校では、ノート検定があるから字をていねいに書くようになった、マラソン大会があるから12月から毎日走っていましたと、担任や子どもから目標を持って考えて行動していることを耳にします。小さいけれど夢を目的に変えて、こつこつと努力を重ねてきた子どもがいます。このような希望を持ち続ける子どもたちを誇りに思います。希望を支える授業をする教師を誇りに思います。そして、夢を無駄だと言わず、できるわけがないと否定せず、夢を持たせてくれる親御さんに感謝しています。夢を持つことは子どもの知識や技能、自ら学ぶ力を培うのです。

国語の勉強

学校では、「ていねいに話すこと・的確に話すこと」を大切にしています。授業で友達の発言に対して、「反対」と言えば、言われた者はことばを取り違えて「あなたの考えはだめだ」と受け止めることがあります。考えではなく、「あなたはだめだ」と人格を否定されたと受け止めることもあります。「反対」と言った者はそんな思いからのことばでなくても、ことばがひとり歩きしてしまいます。「反対」ということばではなく、「○○さんの意見に反対します。ぼくは、こんな考えです。」と、敬語を使って話せば受け止め方は違っていきます。「さん・くん・です・ます」の必要性がここにあります。また、「ぼくは、こんな考えです」と「反対」のことばの後に続けてていねいに説明すれば、なぜ反対しているのかがわかるので、安心して学習に向かえます。私の考えとは違って、こういう考え方もあるんだと思考の幅が広がり、それなら自分の意見を考え直してみようと思考の深まりに発展します。反対意見からみんなの学習課題に発展することさえあります。ここでいう、「ていねいに的確に話す」指導は、相手が嫌な気持ちになるのでていねいなことばを使いなさいではありません。「ていねいに的確に話す」とは、もっと積極的な意味で、人間尊重の精神から生まれたもので、みんなで伸びる指導です。人としての品格と学力に通じる指導です。

毎日、子どもの話すことばは飛び交い、その中でていねいに話すこともあれば、ていねいではないこともあります。ていねいでなければ、正していきます。ていねいではないことばから争いが起きることがあります。「馬鹿」と言えば相手はその通りだとは受け止めません。「あっちに行って」と言えば、いじめと受け止められることに進んでいく可能性もあります。子どものトラブルは、いじめではなく、言動がていねいでなかったり的確でなかったりすることから生じる出来事なのです。そんなときは、国語の勉強をしてやります。

「馬鹿と言ったようだけど、何があったのですか？」

……馬鹿と言ったことばの奥にある出来事と思いを聞いてやります。ここで、的確に話せる力が必要です。「馬鹿」「あっちいって」としか言えない子どもですから、時系列で順序立てていねいに話せません。一つひとつていねいに聞き出してから、最後にまとめて話をさせます。

次に、

「そんなことがあったのだね。それでつらくなったから馬鹿と言ったのだね。」

……事情と思いを確認し、受け止めてやります。

「それなら馬鹿ということばは、あなたの思いを伝えることになりますか?」

……落ち着いて考えられるようになれば、あと一歩です。

「馬鹿ではなくてどう言えば良かったですか?」

……最後には、ていねいで的確なことばで話させて、国語の勉強を終わります。


1年生から国語の授業で、「話すこと」の学習をしていきます。それが、子どもの生活の中で使われてこそ、学習したと言えます。これからも授業でも学校生活でも国語の勉強を続けていきます。

俳句を作る

テレビ局のアナウンサーの仕事をされている方の講演を聞く機会がありました。アナウンサーなのできっと聞き取りやすい声で流暢に話をされると思ったところ、想像していた通りの見事な話しぶりでした。人の話がどれだけ伝わるかは、内容よりも声の質や発音、間の取り方、そして目線や表情など非言語の要素で左右されると言われています。このアナウンサーの話はたいへん聞き取りやすいのですが、そう思って聞いたのは初めだけで、途中から話に引き込まれました。話の内容に心惹かれたからです。話す対象と目的を明確にして、身近な話題を取り上げ、自分の考えを裏付ける体験を話す、あるいは、自分の考えの根拠となる見聞きしたことを話す、そして終わりに、自分の考えをまとめておられました。これは、授業で意見文を書く指導内容と一致します。話す原稿を書くときもこの技能を教えるのですが、これだけでは50点です。残りの50点は的確なことばを使うことです。

的確なことばを使う能力はすぐには身につきません。お母さんのおなかの中にいるときから少しずつ積み上げていくものです。家庭では親のことば、学校では教師の使うことばがベースになります。学習では、朝読書で物語を読み、社会の授業で資料を調べ、すべての教科で言語が使われ、「言語の教育」が行われます。教育活動全体で国語力はついていきます。

俳句の指導もそのひとつです。低学年の指導は絵を描かせてイメージを広げてはっきりさせます。雪が降れば見せて触らせ、節分ならば目の前で豆を煎って食べさせます。学年が上がると知識欲が高まるので歳時記を使って多くの季語を教えます。子どもは、思い浮んだことばが伝えたい様子や思いにふさわしいかどうか吟味して、ことばを選びます。

えほうまき　てんぐのはなに　みえるんだ　1年
さくさくと　ひとつぶひとくち　豆食べる　2年
桜の木春にはきっと花日和　4年
立春の一条の光命は芽吹く　6年
2月はいく作品より

1年生と2年生は伝統行事の話題です。私は恵方巻を大人になって知りました。家庭のことばの文化の確かさがうかがえます。比喩や擬声語・擬態語はこうやって身につきます。

4年生は理科の学習で桜の花芽を観察したあとの作品で季節感の確かさが、6年生は季節感に加えてこの子どもの持つ世界観を感じます。

俳句や日記や作文に、「たのしかった」「うれしかった」を使う子どもが減ってきました。的確なことばを使うことが徐々にできています。社会に出て求められるのは、流暢に話すよりも知識と体験をベースにした自分の考えを的確なことばを使って相手に発信する力です。俳句作りでは、ことばを増やし、ことばを吟味し、ことばを選ぶことを目指しています。

ことばで育つ

理科の授業を見ました。「もののあたたまり方」という単元で空気や水、金属を材料に熱を加えてあたたまる様子を観察・考察する学習でした。この日の学習課題は、「切り込みのある（コの字形）金属板はどのようにあたたまるか？」というもの。前の時間には正方形の金属板をアルコールランプであたためて熱の伝わり方を観察し、この日は、コの字形の先端を熱するとどうなるか、予想、実験、結果を記録しました。授業のあと、子どものノートを見ると、

（予想）切り込みがある向こう側には火からの距離が近いが、すき間を飛んであたたまることはない。順にあたたまる。

（結果）熱したところから順に色が変わっていった。すき間を越して色が変わることはなかったので金属の方が空気よりもあたたまりやすい。　＊色が変わるとは金属板に張った示温テープのこと

次の日の授業ノートには、

（先生）この実験だけでは空気よりも金属の方があたたまりやすいとは言えない。（なぜか?）
（〇〇くん）なぜなら、あたためられた空気は上に動くと前の実験で分かったから。

このノートを書いた子どもは、「コの字形の実験で金属の方があたたまりやすいと思ったけど、この実験では証明できないとわかった。」と納得していました。実験の結果からわかることをみんなで考える授業でした。4年生から理科や算数など、どの授業でも思考力を働かせる学習が多くなり、自然の事象、社会的事象から抽象的な思考を要します。この思考の基礎（ベース）がことばです。「コの字形の先端」「距離」「熱する」「順に」「あたたまる」が自在に使えて、考えが持てます。話し合うことばから思考は深まります。

体育で「マット運動の開脚前転」の授業を見ました。グループ数人の中にできる子どもとできない子どもがいて、できる人を増やすことを目標に、「魔法のことばで教えよう」という学習課題でした。できる者が実際にやって見せ、「くっつけた足をぱかっと開く」「起き上がるときに両手をばんとたたく」と伝えていました。女の子が先ほどからできない仲間の練習を見て首をひねっていました。考えていることを伝えてみたらと水を向けると、私はうまく言えないからとしり込みしました。それでも思い切ったのか、「両足をついたとき（両手を足に見立てながら）こんなに斜めになっているから、これを真っすぐにしたらできるかもしれない」と言いました。見たことから考え、漠然とした思いを何とかことばに変えた渾身のことばでした。思考を働かせ表現したことばは光をもつようで、できない子どもに的確に伝わりました。

朝、1年生が、「帽子がとられました。」と言いに来ました。「とられる」というのはどういうことなのか不思議に思い、時間をかけて聞き出してみると、「帽子がなくなりました。教室にはないので先生のところに来ました。」ということでした。よく言い直しましたとほめてやりました。次の日の朝、「帽子が見つかりました。教室で○○さんが一緒に探してくれて見つかりました。」と言いに来ました。家に帰って伝えたのでしょうか。親に指導していただいたのかもしれません。これが育つということです。これからは、「とられました」とは言わないはずです。

ことばは思考の基礎になります。漠然とした思いがことばで明確になります。ことばを的確に使えば考える子どもになります。

大切なことはすべて学んだ

学校は卒業式を迎えました。卒業生の親御さんからこう言われました。「先生の言われるとおり、うちの子は勉強してきました。それ以外のことは一切せずに、学校の授業と先生から勧められたものをやってきました。この子は先生たちのおかげで学力をつけました。」

学校は、子どもに学力をつけるところです。それぞれの教科で定めた目標に到達させます。6年間かけて一つひとつの学習を積み上げていきます。難しい内容や十分理解させておかないと学年が上がってつまずく内容は、ていねいに時間をかけて教えます。繰り返しやっておくと学年が上がって効果が出る内容もあります。4年生までに出す宿題のほとんどはたいていそれで、家庭でもやらせて基礎固めをします。「基礎が大事」と学校が言うのはこのことです。それでも、漏れが生じるので、漏れはどこからきているのか見定めて、もう一度下の学年に戻ってやるように勧めます。先の子どもは苦手な教科を基礎からやり直していました。基礎をやるというのは勇気のいることです。基礎を身につけていない人ほど、難しい問題をやれば力がつくと思いがちです。また、基礎をやればその分時間がかかるし、1か月や2か月で力はつきません。途中で投げ出したくなります。基礎をやりきった者は、どうやって勉強すれば力がつくかわかるはずです。6年生は、自分で考え、判断し、行動する力、つまり、自ら学ぶ力を通して基礎基本を身につけました。基礎基本と自ら学ぶ力で学力をつけた体験が中学校で生きてきます。先日、目指す大学に合格した卒業生が、「浪人して、もう一度基礎をやり直した。2回やった。入試問題でつまずいたところはどう勉強すればいいか、基礎をやってわかるようになった。」と話していました。それぞれの段階で「基礎が大事」の気づきがあるようです。こうやって学校では6年間かけて基礎を身につけるために、学習課題を設定して正しい答えを考える学習をやっています。

もう一つの学習もしています。答えのない答えを見つける学習です。「くすのき」という授業がそれです。6年生は、夏の平和学習で平和や放射能研究に携わるアメリカ人の先生の授業を受けました。授業の最後に、「原子爆弾の投下は仕方なかったという考えがあるが、どうして仕方なかったのですか?」と質問をいくつかしていました。こうやって「なぜ、どうして」の疑問から学びは始まりました。そして、この冬には、平和公園で語り部やピースボランティアの方から、被爆当時の広島で亡くなった人、親や兄弟を失った人のことを聞き、それでも悲しみを胸に立ち上がった広島の人たちがいたことを学びました。そして、今を生きる自身が、何をすべきか、何ができるのか考えました。これが答えのない答えを見つける学習になりました。国語の「優先席を考える」作文、社会科の国際協力、理科の環境汚染等々、何が課題でどう解決するのか、基礎基本の知識をもとにして教科書にはない答えを見つける学習でした。6年生にとってこれから必要となるのは、この6年間で身につけた、基礎基本と自ら学ぶ力です。そして、この2つは、社会に出て必要な、答えのない答えを見つけていく力になります。

卒業生の親御さんから、「小学校で子どもは、生きる上で大切なことはすべて学んだ」と話していただきました。このことばに恥じない教育をしていきます。

シーズン3

笑顔の種

学校は春を迎えました。学校は4月が1年の始まりです。入学式のあった次の朝、ていねいにあいさつをする1年生がいました。ていねいとは、立ち止まってから、「おはようございます」と言い、お辞儀をします。家で『安田式しつけ教育』を読んであいさつを練習してきたようです。入学に向けた家庭の準備と心がけが伝わるうれしい朝でした。

この日の1年生は、どこから校舎に入ればいいのかと探していました。教室への上り口に担任が立っているのですが、初めてのところはぴんと来ないものです。そんな様子を2年生が見て、「ぼくもそうでした。」とにこやかに教えてくれました。そこには、成長を感じます。進級した自負とゆとりがあります。上級生たちは1年生を見ながら、「だいじょうぶ、だいじょうぶ。靴箱のあるところならすぐに覚えられる。ほかのことだって、2、3日すればわかってくる。」そんな思いのようです。そこには、上級生の「先回りしない」賢さがあります。学校では、「やさしさ」について教えます。授業を通して「やさしさ」について考えさせます。日常生活でもちょっと立ち止まって考えています。やさしくすることはどういうことなのか、子どもたちは考えているとわかる、気持ちの良い朝でした。

学校は学習するところです。基礎基本の知識・技能や自ら学ぶ力を身につけます。そして、子ども自身が、自分のこととして主体的に学び、みんなで伸びるところです。

笑顔の種が

今日、入学式がありました。今日の式は、わたしにとって特別な式です。なぜなら、弟が今年入学するからです。弟が同じ学校にいるのがとてもうれしいです。

わたしは、1年生のみんなが笑顔で学校生活を送られる学校にしたいと思います。だから、みんなの役に立つことを進んでやっていきたいです。

そんなことを考えていると、1年生は笑顔の種だと思いました。最初の何日かはとてもきんちょうすると思います。でも、だんだんなれると笑顔がふえてきます。日にちが笑顔の種の水の役割をするのです。

種は、今日まかれました。その種が一日でも早く咲くようがんばります。

「1年生のみなさん、入学おめでとうございます。これから楽しいことがたくさんまっているよ。」

（6年生の生活ノートより）

くすのきのように

4月の学校の始まりから1か月がたちました。新緑の時を迎え、校庭のくすのきは古い葉を落とし、新しい葉をつけて明るくかがやいています。子どもたちが、このくすのきのように冬までに蓄えた力をもとに今年1年ぐんと伸びるよう授業の質を高めるのが学校の使命です。

学校の始まりにあたり、学校全体で取り組む3つの目標を伝えました。

1つ目は、礼儀です。『安田式しつけ教育』の本をもとに、礼儀が身につくよう指導していきます。1年生から3年生までは、しつけが習慣として身につく時期ですから、学校生活の基本のしつけと授業のしつけを繰り返し教えます。学校生活の基本のしつけでは、登校して靴箱の靴をそろえるところから始まり、衣服の整頓や宿題の提出、授業の準備、そして、朝のあいさつで一日を気持ちよくスタートさせます。そして、帰りには持ち物や服装のチェックをしてから帰りのあいさつをします。あいさつは、背筋や手をぴんと伸ばして相手を見て、「おはようございます」「さようなら」を言い、礼をします。授業のしつけでは、授業の前に学習用具を正しい位置に置きます。そして、外で遊んでいて音楽が鳴ったら教室に戻り席につきます。チャイムが鳴れば立って、教師を迎えます。たくさんの習慣があってすべてを身につけるのは大変なことですが、1年生から身につけることができます。子どもというのは、大人が思う以上にいろいろなことが身につけられます。ていねいに繰り返し指導すれば、それが当たり前になって大変なことが大変でなくなります。一つの良い習慣が身につけられると、もう一つの良い習慣が身についてくるものです。良い習慣が身につけば落ち着き、落ち着けば自分で先のことを考えて行動するようになります。特に、4年生からは、なぜあいさつをするのか?なぜ、ていねいなことばを使うのか?それぞれの基本のしつけや授業のしつけの意味を考えさせます。今年は、「敬意」をもって礼儀正しくするよう考えさせます。

2つ目は、国語力です。まずは、聞くことを徹底します。相手に体を向けて聞かせます。そして、ていねいに的確に話をさせます。去年はていねいに書くことを目標に、ノート検定をしました。今年も、ノート検定をします。回数を増やしてていねいに書くのは当たり前に、全員がていねいに書けるようにします。日記に漢字をたくさん使うことも続けてやります。たくさん書くことで漢字が身につきます。多くの熟語を身につけます。漢字をたくさん書くために熟語を使うとなると自ずと考えて書くようになります。考えることを毎日するわけですから思考力がつき、論理的な文章が書けるようになります。

３つ目は、チャレンジです。夢や希望をもってチャレンジし、実現する力をつけます。１年生から３年生は失敗が財産になる時期です。どんどん失敗させることです。１、２、３年生はどうやればよいか悩むのではなく、こうしてみよう、駄目ならこうしようと体で考えながらやります。４年生、５年生は、夢や希望をかなえるために今何をすればよいか考えます。考えてから行動することができる年齢です。そして、６年生は世界観が広がる時期です。未来を考え、そして、今どうするのか考える学習をしていきます。

この３つを目標にし、子どもの眼差しを前に向け、くすのきのようにまっすぐ伸ばしていきます。

1年生からのチャレンジ

夢や希望をかなえるには、目標の設定や達成のための方法と行動が必要です。そこには強い意志も必要で、継続する力が欠かせません。この実現力を小学校で6年間かけて培うのが教育目標です。

グラウンドでは、1年生が遊具を使って運動をしています。ジャングルジムやウェーブジャングル、うんてい、のぼり棒をしています。このうち、うんていとのぼり棒は達成するのに技能と意志力が必要です。2、3日ではできないことなので、実現力を培う良い機会です。できる子どもがコツを教えてくれるのですが、それでもすぐにできません。要は自分で多くの時間をかけ、強い意志を持って練習を重ねることをしない限りできないのです。平仮名の書き取りもていねいに正しく書けるようになるまで練習します。書けるまでやり切ります。一つのことをていねいにやり切る学習ができれば、もう一つの課題にも向かおうとします。何回も何十回もの積み重ねがあって、技能が身につき、意志力が徐々についてきます。この学習はすべての授業で、特に3年生まで徹底して行います。2年生が日記にこのことを書いていました。

きょう、1じかん目にたいいくがありました。たいいくでは、のぼりぼうをなんどもやりました。わたしは、Y字のぼりをしていたら手にまめができてしまいました。でも、がんばりました。わたしは、やっぱりできなかったので、くやしい、ぜったいにできるようになるぞとおもいながらがんばりました。

きょう、できなかったので、2年生のあいだにはできるようになりたいです。


4年生の体育でソフトボール投げを、半数ずつ分かれてやっていました。半数の待っている者は、自由にスポーツをしていました。一輪車の練習をしている子どもがいたので、「今、どんな考えでやっているのですか?」と尋ねました。

「両手で鉄棒を持って前に進めたので、今度は片手にしてやろうとしています。」

「空中乗りをするときにバランスが崩れて倒れるので、両手を広げてやっています。」

4年生は客観的な思考ができる時期です。目標をかなえるために何をどうすればよいのか、判断し、行動をとるようになります。4年生からは、目標の設定から計画、実行、評価までを学び始めます。体育でも、音楽でも、図画工作ほかいろいろな教科で学んでいきます。1年生からのチャレンジの積み上げによって、4年生から考えて行動するようになります。

今、6年生は委員会活動やかんげい集会、クラブ活動で目標設定し、チャレンジをしています。それを5年生以下が見ています。あいさつも6年生は進んでしています。みんな見ています。掃除を黙々とする姿も見ています。6年生のチャレンジする姿を見て、下級生が見習っていくのが学校の良さです。

ペア活動から学ぶ

遠足がありました。２つの学年の子どもがペアになって活動しました。年齢の違う者が一緒に活動するところから、子どもが学びとることはたくさんあります。自然体験ビンゴで特徴のある草や樹木を見つけ出す活動は、子どもの好奇心を引き出します。動植物に着目させれば、自ずとその形態や生態に気づく子どもになります。見つけたものの名前が知りたくなり、名前を知ることでいっそう興味を持つようになります。知りたいことがあれば教師のところに集まって説明を聞くのですが、上級生が教えてくれることもあり、上級生は学校での理科の学習がここで生かせます。ひとりで遊ぶおもしろさではなく、複数で人と人がつながって遊ぶおもしろさがペア活動にはあります。

１年生は６年生とペア活動をしました。６年生は、「１年生のことは任せてください。」と自覚をもって出発しました。遠足後、１年生は元気が良くて、動物園の中をあちこち走り回って大変だった。」と話す６年生がいました。

「わたしも、1年生の時に6年生にこんなことをしていたのだろうと思います。きっと、6年生はわたしの言うことを聞いてくれ、相手をしてくれたのです。」

6年生は、1年生の言うことを聞くのは大変ですが、相手のことが好きだから一緒に楽しめるのかもしれません。相手を大切に思うことは礼儀の根底にあるものです。1年生にとってみれば、思い通りのことができて満足できたようです。入門期は、学校というところはいろいろな年齢の人がいて、自分を受け入れてくれる人がいると心で感じることが必要です。このことを念頭に教師はペア活動を組織するのですが、6年生が自覚して、すべてを受け入れていることをうれしく思いました。1年生の時から今日まで、人と人のつながりを学んできた6年生の誇りが感じられます。

小学校を訪れた高校に通う卒業生が、6年生と親しく話をしていました。家が近所かと思えば、当時6年生だった時の1年生のペアだということでした。結構前のことですが、時は過ぎてもつながりはあるものです。学校で一緒に遊具で遊んだとか、学校帰りに途中まで一緒に歩いたこともあるとか、話すうちにいろいろ思い出して話し込んでいました。小学校時代のことものですが、その先の中学校や高校の話もしていました。

また、ペア活動で石を見つけて以来、石に興味を持ち始めた子どもがいました。どこに出かけても石を拾ってきて見せてくれましたし、石について尋ねれば何でも答えてくれるほど知識を持つようになりました。

体験を通して学ぶと言われますが、人と人のつながりから、学ぶことがたくさんあります。子どもというのは、学ぶようにできているのだと思います。

陰口

陰口を言う人がいます。聞かされて醜いことばに思います。ただし、これが自分の陰口となると心を乱して、目を吊り上げてしまいます。それならまだしも、醜いことばを自らたたいてしまうことがあります。こんな陰口はまっぴらごめんなので、その世界に入ることなく生きていこうとするのですが、陰口というのは、こちらの世界に容赦なく入り込んできます。相手の様子がどうもおかしいので尋ねてみれば、「私のことを○○さんに、○○と言ったそうですね。」と言われました。まさか、陰口をたたく人に自分がなっていようとは……。うんざりしてことばを返す気持ちになれませんでした。

陰口は大人のことだけではありません。子どもの世界にもあります。入学したばかりの6歳の子どもでも、「○○さんを仲間外れにしたんでしょ。○○から聞いたよ。」と言われていると聞きました。根も葉もないことであれば収まるものですが、陰口を伝え合い、陰口がひとり歩きするようであれば、いじめにつながります。けっしてそのままにしておいてはなりません。

ここで生きて働くのがしつけ教育と国語力です。ふだんから、家庭でも学校でも礼儀をしつけ、相手を敬う心を持って人と接することが肝心です。相手にていねいなことばで話し、的確に話す国語力をつければ、陰口の世界に入ることはありません。

陰口を言う人を見ると、目が相手と正対せず、きょろきょろと動いています。常にアンテナを張っているような目つきです。陰口は相手を低めることばですが、一方で、自分を低くしてしまいます。まわりの人は、心を許すことはありません。疎外感を感じ、存在感を高めようとするのか、陰口を言う人は陰口をやめようとはしません。これを改めるのは簡単ではありません。教師の地道な指導が必要です。共感的理解を示し、自分の良い点に目を向けさせ、自己肯定感を高めることがまずは必要です。子どもに向き合い、指導を続ければ、陰口ではなく相手の良い点に目を向けるようになります。これにしつけ教育と国語力が相まって陰口はなくなります。

私は、陰口ではなく、良い点に目を向けてもらいました。教え子を頭ごなしに叱ったまま家に帰せば、母親から、「きっと先生には考えがあるはずよ。」と助けてもらいました。出された宿題を見ないまま返したことがありましたが、母親との懇談で、「先生は子どもたちから信頼されていますね。夏休みの宿題を先生は見忘れているねと言ったら、子どもが、そんなことないよ。先生は一人ひとりに声をかけて宿題を返してくれるから。」と子どもに助けてもらいました。こうやってずいぶん親御さんや子どもに温かく見てもらっていたのです。

子どものいる教室では、陰口のない温かい信頼関係を作っていかなければなりません。変だなと思っても陰口につながらない、「きっとあの人には考えがあるはずだ。」「そんなことはないよ。」のことばが出る教室にしていきます。

世界のために何を成すか

子どもには、夢や希望を持ってほしいと思っています。入学するときは不安がありますが、それに負けない夢や希望があります。そして、卒業後も夢と希望を持ち続け、生きてほしいと願っています。そのためには、夢をかなえるための目標を設定し突き進む授業を行い、うまくいかないときでも希望を持ち続けることを大事にしています。

水泳指導が始まりました。校長室にプールからの子どもの歓声が聞こえてきます。1年生は水の中で目をあける学習をします。あけられない子どもにとっては高いハードルです。簡単には乗り越えられません。プールの底に沈めた貝を取ろうとするのですが、目があけられないので取れません。「貝を取りたい」と願い、目をあけようと試みますがうまくいきません。ほんの小さな夢ですが、水の中で歩いたり走ったり浮いたりしながら恐怖心と向き合っています。あれこれ頭で考えるよりも、「貝を取る夢」を持ち、一心に取り組んでいます。きっとできると希望を持って取り組んでいます。夢や希望を持ち続ける営みは、尊いものです。そばにいる上級生たちは、自分もそうやって目標を設定しやり遂げてきたので、「もう少ししたらきっとできる」と見ていました。

この春卒業した6年生は卒業する前に夢を思い描き、一人ずつ大きな紙に将来の自分を書くドリームマップを作りました。ここでは、自分はどんな人間になりたいのかを時間をかけて考えさせます。自分の良さを見つけ、欠点も知り、それをいったん受け入れたうえで、この世界で何を成すのかを考えさせます。ある子どもは、日本の電力会社に勤めたいと書いていました。放射能で被爆した原子力発電所のことを思い、安全な発電を研究したいと言っていました。お母さんのような人になりたいと書いている子どもがいました。家族のために働き、家族が喜ぶことをする、そんなお母さんになりたいと言っていました。社会科や理科の授業で学んだことや自分の理想とする人をもとに、夢を思い描きました。お金を稼ぐ職業に就く夢ではありません。この世界に生まれた自分はどんな人間なのか、この世界で自分はどんな人間になりたいのか、自分は世界にどのような貢献ができるのか考える人を目指しています。

校舎の前のカンナが花を咲かせました。このカンナは、広島に原子爆弾が落とされたあと、いちばんに咲いた花です。焼け野原の中、大切な家族を失い、これからどう生きていけばいいのか先の見えない人たちにとって、希望となった花です。5年生と6年生の子どもたちが球根を受け継ぎ、今年も希望の花を咲かせました。この広島から平和を願い、日本や世界の人たちに希望を持つことを呼びかける活動です。花を咲かせ、希望を持って、水やりを続けて世話をしています。

学校は、このような授業を通して夢や希望を持ち、自分は世界のために何を成すのか、考えて行動する人にしていきます。

本質を見失ってはならない

大学入試改革、それに伴う学校教育の内容が少しずつ明らかになってきました。小学校も英語の授業時数を確保するため夏休みを減らすところもあると聞きます。新学習指導要領の目玉のプログラミング教育の前倒しを始めた学校もあります。このことは社会の要請に応じて行うことなのでしょうが、ときのトレンドに合わせて新しい教育内容を取り入れる学校にはしたくないと思っています。私学ですから学校の教育理念と照らし合わせて、教育内容を再構築していくことが大事です。良いものは続け、新しいものを創っていくのが学校です。たとえば、「本校は海外留学やホームステイでグローバル人材を育成しています。」――このような明快なことばを売りにした教育は考えていません。海外留学でグローバル人材を育てることはできません。1年生からのふだんの授業がグローバル人材を育てます。人を好きになり、人を敬う心を持ち、人の考え方を知る人間理解や異文化理解教育を繰り返します。そして、自立心やリーダーシップなどの自己の確立を目指す授業が6年間続きます。グローバル人材の育成は社会に貢献することを目的に、すべての授業で自分の考えを的確なことば（日本語でも英語でも）で発信し、相手の考えを聞き入れ、よりよい考えを相手と探求し、あきらめることなく行動する子どもにすることです。つまり、6年間かけて一つひとつ授業を積み重ねて到達するものです。

先日、4年生の読書会に少し関わりました。『泣いた赤鬼』〈注〉という作品を題材に、物語から学習課題を見つけ、課題に対する考えを話し合う学習です。ストーリーの結末で青鬼は、親友の赤鬼が人間と楽しく付き合うには、自分はそばにいない方が良いと考えて赤鬼の前から姿を消します。それを知った赤鬼は悲しみに暮れて話が終わります。悲劇で終わるので読み手はこの結末で良かったのかと思います。4年生も疑問に思い、青鬼の行動はこれで良かったのかを学習課題にして考えました。青鬼の行動で良かったというのが多くの子の考えでしたが、一人の子の、青鬼がいてくれたら、今後も起きるかもしれない人間とのいさかいに対して赤鬼を助けてくれるに違いないという考えに子どもたちは心が動かされ、もう一度考え直していました。そこにはより良い生き方を模索する子どもの姿がありました。

グローバル人材は、「社会に貢献するリーダーシップの精神を持つ人」です。先の読書会の授業も、教室の掃除も、クラブ活動も、運動会もグローバル人材育成のための能力をつける活動が仕組まれています。今のトレンドが英語だからとか、大人になったら英語がいるからやっておこうでは、通用しないのが社会です。大人になってこんな考えでいたら、いつも人の後を追いかけていくだけの人になってしまいます。そうではなくて、学校時代には、「今やりたいことがあって、これからどうなりたいかがあって、次には何をどうしたらよいか判断して、目的に向かって行動する」ことが将来の生きる力になります。

子どもが大きくなったとき、生きるための知識や技能はどんどん変化していき追いつけない時代になるかもしれません。しかし、この生きる力はいつの時代も不変です。学校で目の前の授業を真剣に学んでいけば、トレンドではない、生きる力がつく。本物の学校は、本質を見失わない学校だと考えます。

注

『泣いた赤鬼』…浜田廣介作の児童文学作品。

国語の授業

国語の授業と言っても時間割にある授業ではありません。子どもを見つめるときに国語の授業と思い、国語力をつければ品格が備わると思っています。

何年も前のことですが、何をするにも一緒で仲良くしている子どもがいたのですが、けんかをきっかけにお互いが陰口を言いふらすようになったことがありました。担任が指導してもなかなか改善しませんでした。一方が、まずは自分がやめようと考え、陰口を言われても聞き流していたのですが、何度も繰り返されるので我慢できなくなる……。そんな仲違いが続きました。その教室にはいつも穏やかで人の陰口を言わず、陰口に耳を傾けないAさんがいました。Aさんはいつもていねいなことばを使う子どもでした。そのことを感心して伝えれば、「そうですか。でも、弟には腹が立ってきついことばを言うこともあるんです。」とにこやかに話すような子どもでした。仲違いしている子どもに、このAさんを理想のモデルとして、朝のあいさつをすること、友達にていねいなことばを使うこと、この2つを毎日続けることを提案しました。はじめはぎこちなかったのですが、続けることで周りの人は努力をわかってくれると信じて頑張っていました。そのうち、その子自身の立ち居振る舞いが変わりました。活発な個性は残しつつも人を見つめる目線が変わってきました。

ていねいに話せば、心が落ち着く。的確なことばで話せば相手の理解が得られる。こう考えて子どもを見ています。けんかになって、一方が相手がたたいてきたと言えば、いや違う、おまえのほうが先だと言います。この時国語の授業を始めます。ていねいなことばを使う約束をして、時間の経過に沿って出来事と考えを話させます。すると、もとをたどればどっちもどっちだと気づきます。あるいは、はじめは相手がやってきたことだが、そのあとに自分が相手を傷つけることばを言わなかったら、けんかにはならなかったと気づきます。あんなことを言ったから相手は勘違いしてしまったと自分のことばの未熟さに気づきます。これが、国語の授業という意味です。

ただ、初めに書いた子どもたちのように、けんかになって尾を引くことはあります。それは、相手のことを嫌いと思っているからです。好きな人なら許すことはできますが、嫌いな人にはできません。嫌いと思っている人には、良いところに目を向けます。しかし、簡単には良いところに目は向きません。けんかになって尾を引く子どもは自分に自信がなく、心のゆとりがないからです。自分のことを理解してくれる人ができれば、ゆとりが生まれ、これまで表に出てこなかったこの子のやさしさが立ち居振る舞いに表れてきます。嫌いと思っている人の良さを見つけることに考えを向けるように、変容していきます。

ていねいなことばで的確に話をすれば、必ず理解してくれる人は現れます。理解してくれる人がいれば、教室での居心地がよくなります。そうすればゆとりが生まれ、心が整い、相手の良いところに目が向きます。子ども同士の不満や問題は、国語の授業と思って指導しています。

プロ棋士の映像から

14歳の中学生の棋士が話題になっています。ニュースで連勝記録を作ったことが報じられ、テレビで本人の映像が映し出されていました。インタビューでは礼儀正しく応じ、話すことばはていねいで的確、そして、勝利のために研究しているという点で、3つの目標の、礼儀・国語力・チャレンジと通じるところがありました。詰将棋や人工知能など自分を強くするために思考・判断しチャレンジしている点は、自ら学ぶ力を磨いていることがうかがえます。

対局の映像を見て、はっとしたことがあります。勝敗が決まるときは「負けました。」と負けた者が一礼していることです。明らかに頭を下げています。競技というのは、得点やタイムを競うものがあれば、審判がいてその判断で決まるものもあります。ところが将棋は違います。そばには記録係でしょうか、何人かの人がいるのですが、勝敗は対戦する2人が決めます。「負けました。」と声を出して伝え、相手はそれを受け入れています。そこには、勝者と敗者の敬う心が見て取れます。敗者は、負けた腹立ちや悔しさはあったとしても、その感情を相手に見せません。勝者は飛び上がりたいほどの喜びでしょうに、相手に見せません。私の勝手な解釈ですが、「負けました。」のことばは、全力を出して戦った者同士のお互いを敬う心の表れに思えます。そして、その場面はさらに続きます。２人は、勝負の決め手となったところまで対局を戻して話している光景が映し出されました。負けた方は一刻も早くその場を立ち去りたいのではと思うのですが、勝った者も負けた者もたんたんと局面を振り返っているようでした。将棋というのは勝負が決まった後も冷静さを保つのですから、将棋は文化で、礼儀作法の表れを見たように思いました。

学校でも休み時間に将棋をしている子どもがいます。プロの棋士と同じく勝ち負けで争うことはありません。勝負がついて自慢することや腹を立てることはありません。将棋をしている子どもに尋ねると、「ぼくたちは遊びでやっているので、争うことはありません。プロの人たちは真剣勝負だから、負けたらとても悔しいと思います。」と言っていました。「冷静にやらないと負けてしまう。」「負けましたというのも礼儀だけど、初めも礼をしている。」とも教えてくれ、子どもはプロの対局や身近な大人の方を見て、学んでいるようでした。

体育の授業では、勝ち負けの後にどこが良くてどこが足りないのか考えさせることをします。ほかの授業でもお互い知恵を出し合い、より良い考えを生み出すことを大事にしています。お互いの考えを伝え合うためには、相手を敬う態度が必要です。言い換えれば、敬う心があれば、良い授業が生まれ、良い授業で子どもは伸びます。

ときに落ち着きのない行動をとる子どもがいました。1年生の頃からていねいなあいさつや的確なことば遣いを指導してきました。ポケットに手を入れて毎朝私の前を素通りしていた子どもが、今はあいさつをしますし、すれ違えば会釈をしてくれます。必ず、冷静に考えて行動する人になると信じています。

思考する子ども

卒業したばかりの中学生がこの夏に同窓会で学校に集まりました。卒業して数か月のことですが仲間と再会する喜びの声や担任に近況報告する笑顔があり、中学生になってそれぞれが前を向いて生活していることがうかがえました。卒業していくときに子どもたちには、

「小学校ではやりたいことをやり通せた。成し遂げたことに誇りを持って卒業しなさい。中学校ではもっとこうしたいと夢を持って進みなさい。」と伝えています。誇りと夢を持つ子どもが集まる同窓会でした。

会を終えて3人ほど校長室に訪ねてくれました。3人は異なる中学校に行っており、それぞれの中学校生活について尋ねてみました。「中学校は楽しい。」「クラブの先輩がやさしい。」「先輩は、玉拾いの仕方やバットの振り方を教えてくれる。」「やり方が違っていたら、正しくできるまで見てくれる。」と、まるで同じ学校に通っているかのようにうなずきながら話していました。授業については、

「小学校は、一つの課題をじっくり考えるのが楽しかった。今は、席順に指名されて発言し

ているが、小学校は、一人の意見に対していろんな人が意見を言えたし、意見がどんどんつながって、もっとよくわかるのが楽しかった。人の意見を聞いていると自分の考えが高まってきた。」と教えてくれました。思考を高める学習は中学校でこれからあるはずです。そのときは、この子たちが生き生きと意見を述べ、仲間と高め合い、思考力に磨きをかけることと思いました。

先日、6年生が平和学習の一つとして、核実験とその放射能の影響について研究されている広島市立大学の先生に講演をしていただく機会がありました。この日の日記に、多岐にわたった話の中から核爆弾を話題に取り上げ、意見を書いています。

> なぜ、核爆弾を使うのか
>
> 今日、3、4時間目に国際授業がありました。アメリカ人の方に「核爆弾の恐ろしさ」について教えていただきました。
>
> 私が一番おどろいた話は、爆弾は今まで2000発以上も地球上に落とされていることです。そ

して、ただでさえ落としてはならないのに、イギリスなどは自国では一切実験せず、植民地でばく大な被害を与えながら実験しているそうで、私は、とても悲しくなりました。なぜ、実験するかというと、自国の強さを示すためだそうです

私は、これから爆弾でたがいをおどし合わず、相手国とやさしい声をかけ合えばいいと思います。

（6年生の生活ノートより）

読む・聞く、そして、話す・書くことは毎日の授業でやっています。読んだものや聞いたことから課題を見つけ、課題について考えて、その考えを話し合って、さらに高まった考えを書いて表現することは、思考を働かせることです。子どもが困難な状況にぶつかれば、考えることと以外で道は開けません。考えるということは、生きる力を獲得することだと思っています。

考えを前に向ける（1）

子どもたちには折々に、目標を持つこと、立てた目標をかなえるためにやり通しなさいと話しています。これをわれわれ教師は、①こんな人になりたいな、こんなことができたらいいなという思いを持たせること、②思いから目標を決めること、③決めた目標に対して、1年生から3年生は一心にやってみること（体で考える）、4年生から5年生は何をどうするか考えてからやってみること（今を考える）、6年生は先を見通して考えること（未来を考える）を授業で指導し、夢と希望を持つ子どもを育てようとしています。

夢というのはすぐにかなうものではありません。かなわないことで下をうつむくことがあります。それでも前を向いて一歩踏み出せば、その過程で知識と技能は獲得され、自ら学ぶ力としての思考力も意志力も強化されます。先日、夢を実現して大学生になった教え子が、「先生、私は浪人してよかったと思う。大学に入って勉強が難しくて大変だけど、どうやって勉強すればいいかを考えるようになった。それに、少々のことではくじけない。やる気も根気も続く。」と話していました。聞けば、広島を離れて九州の予備校で浪人生活を送り、その後予備校と寮の生活が合わず、広島に戻って予備校に入り直したそうです。一度決めたことは変えたくない性格なので相当苦労したでしょうが、この1年間は良かったと、考えを前に向けていました。

これは、1年生の日記です。運動会のかけっこの練習で、走順の違うAさんから声をかけられたようです。

> 5じかんめにたいいくがありました。たいいくは、かけっこをしました。かけっこでは6にんではしり、わたしは、3いだったけれど、Aさんは、
> 「わたしは6いだったけど、あなたよりははやいかも。」
> といいました。わたしは、……

Aさんに「あなたよりはやいかも」と言われて、この子はどうしたでしょうか?もしかすると一生懸命走ったのにこんなこと言われてしょんぼりする、あるいは、いじわると捉えて不満を持つことも考えられます。いじわるを言う意図のないAさんが意地の悪い人とみなされるかもしれません。確かに何気ない一言が傷つけることはありますが、この子は、しょんぼりする

でも不満を持つでもなく、Aさんに一緒に走ってみようと持ち掛けています。

……わたしは、

「あさきゅうけいに、かけっこしよう。」

といいました。

いわれたときは、ちょっとそうかなとおもったけど、そのあと、あしたまけないぞとおもいました。がんばります。


この子のお母さんから、「我が子の前向きではない様子を見て、親は心を痛めている。」と聞きましたが、しっかり育っています。子どもは大人の鏡ですから前を向く姿を見せておられるのでしょう。下を向くのではなく、人を否定するのではなく、考えを前に向けて一歩踏み出す子どもの姿が見られ、うれしく思いました。

考えを前に向ける（2）

授業では、「ふしぎだなあ。」「おもしろそうだなあ。」「なぜ、そうなるのだろう。」と不思議に思い、興味を持つことや疑問を持つことをきっかけに学習を始めます。初めは漠然とした思いですが、事象（教材）を見聞きするうちに、「学習課題を決め」、「学習内容や方法を見つける」ことをしていきます。この一連の過程で、子どもは「考える」ことをしています。

子どもに、「もっと考えなさい。」と言っても、考える術を教えなければ考えることはできません。来週は算数のテストがあるから勉強しておきなさいと言われても、何をどうすればよいのかが子どもにはわかりません。その学習内容や方法を教えないでおいて、勉強しなさいと言うのは、教師でなくても誰でもできます。何が学習課題なのか見極め把握する力やどんな勉強をどうやってするのか、その内容と方法を見つける力を育てるのが、教師です。

では、これで「考える」ことができるかというと、そうではありません。考えを前に向けるには意志力が必要です。ある目標に向かってやり通す意志の力を育てるのも教師です。

「もっと速く走りたい。」と思いを持った3年生がいます。目標を立てて、毎朝グラウンドを走っています。仲間ができたようで、競いながら走っています。

「もっと速く走りたい。」と思いを持った4年生がいます。「わたしは、運動会で最後まで力を抜かないで走ります。」聞けば、昨年は最下位で力を落としてしまい、今年は力を抜かないと言っています。

「リレーでバトンパスを成功させたい。」と思いを持った5年生がいます。ふだん目立った行動をとるタイプではないのですが、リレーチームのリーダーになり、バトンパスでスピードを落とさないことを目標にして、練習をしています。

「リレーでバトンパスを成功させたい。」と思いを持った6年生がいます。1年生の時から走るのが遅くて、リレーでは足を引っ張ってしまうかもしれない。そうならないようにバトンを手渡す時には「はい！」と声でパスをする、バトンをもらうときは、後ろを向かないで声を合図にバトンをつかむ、2人の信頼関係を作りますと言っています。

「応援係になってチーム力を上げたい。」と思いを持った6年生がいます。チームみんなの力が出るように、みんなを元気づける応援をすると言っています。

運動会を前にけがをして競技に出られない子どもがいます。それでも係の仕事や応援や声掛けで役割を持って、居てもらわなくては困る人になっています。必要とされる人です。

考えを前に向ける子どもがいることをうれしく思います。希望を持ち、夢に向かって考えを前に向ける子どもを育てる学校にしていきます。

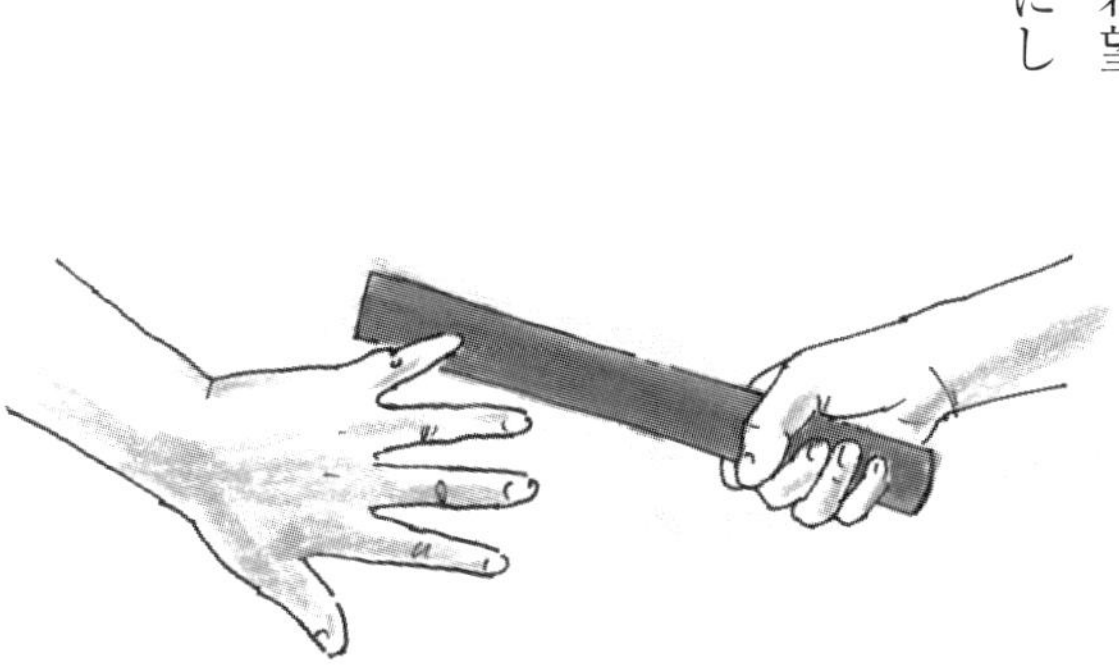

高慢な心

テレビドラマの中の話ですが、銀行が融資をしている小さな会社の社長にリストラをするか、融資を打ち切るか迫る場面がありました。銀行員と社長を演じる役者さんは見事な演技で、その銀行員が社長を見下した高慢な態度を見て、怒りがこみ上げてきました。と同時に、現実の世界でも人というのは、自分の才能や地位にうぬぼれ、人に意見することが誰しもあり得ると思いました。学校に置き換えてみれば、教師が子どもに対して指導という名目で高慢な心が働いてはなりません。

先日の運動会の内容はそれぞれ工夫があり、子どものやる気が伝わってきました。1、2年生のダンスはかわいらしくて、躍動感のある身のこなしでした。この子どもの姿を「学び」の視点から見ると、この数年、姿が変わってきています。ダンスする1、2年生は体を動かすおもしろさやうまくできる喜びの表情に加え、誇らしい顔を見せるようになりました。誇りというのは、人から認められ、大きな拍手をもらうことから生まれるのではなく、自分が思いを持って努力を重ね、結果を出すところから生まれます。人がどう思うかではなく、自分で成し遂げたことに誇りを持つのです。人からやらされて一番になっても誇りは持てません。教師たちが押しつけの指導ではなく、子どもの可能性の伸長を頭に置いて、どう指導すればよいかを考えた上で指導しているので、誇らしい顔の子どもが出てくるのです。

運動会で6年生は、「応援係になって良かった。チームのみんなを前進させることができた。」と胸を張っていました。競技で使うものを出し入れする6年生は、プログラムを見て自分の行動をイメージしていました。そこには運動会を自分たちで進める思いがありました。運動会に参加するのではなく、運動会は創り上げるものだという意識がありました。子どもと教師に、「よくやった。」と言える運動会でした。

子どもを指導するとき、そこには子どもの幸せを思う心があります。子どもを注意するとき、子どものためを思って伝えます。ところが、子どもの心に届かないことや子どもに反発されることがあります。うまく伝わらず、子どもとの溝を作ってしまうことがあります。そうなるのは、幸せを思う心ではなく、自分の思い通りにしたい心があるからです。相手をいさめようとする心の裏に自分の考えの押しつけがあります。決して押しつけようなんて思いもしないのですが、高慢な心が潜んでいます。特に、相手が子どもであればひとりの人格と見ないで、子どもは未熟な存在であり、正しい行いをさせなければと心が働きます。押しつけの指導では子どもは伸びないと言われるのはこういうことです。

先日、「子どもを叱ってばかりいて反省しています。」と親御さんが話してこられました。叱ることは良くないとは思いません。実際、その親御さんの子どもは生き生きと前を向いて行動しています。その親御さんは高慢な心ではなく、子どもの幸せを思う心が働いているので、叱ることばは子どもに届いているのだと想像できます。子どもは未熟な存在ではあるが、考える力を持った存在であると考えれば、指導方法や内容が生まれてきます。それがことばになって表れているので伝わるのだと思います。

対話力

幼稚園の先生から話を伺う機会がありました。自分の思いを伝えられないことや順序立てて話せないことから、話す力をつける取り組みをされているそうです。「Aがいい。」と話すのではなく、「AとBを比べたら、Aのほうがおもしろそうなので、Aを選びました。」順序よく話せるように練習をされています。「○○先生からハサミを借りてきてください。」と用事を頼んで、○○先生に依頼内容を伝えさせ、「○○先生からハサミを借りてきました。」と報告させるのだそうです。こうやって話す機会を作ることで力をつけておられます。そこには訓練ではなく、「なるほど、Aがいいのか。あなたはAが好きなのですね。」という傾聴や共感が、「ハサミを借りてくれて助かる。」という感謝があり、心が通う関係が見て取れます。

マザリングということばがあるそうです。人は話を聞くときに自然とうなずくものですが、赤ちゃんのときに母親とのコミュニケーションによって培われる能力が身についていないとうなずけない人になってしまうそうです。マザリングとは母子で交わす会話のことで、赤ちゃんが、「ぶぅ。」と言えば、母親が、「ぶぅねえ。」と返し、ことばを受け止めます。このマザリングが十分に行われず、良いタイミングでうなずけずに育つと、大人になっても対話が成立しないことがあります。会社で上司からの説明にうまくうなずけず、話を聞いているの？と不信感を持たれてしまうのだそうです。仲間との話にも関われず、愛想の悪い人と思われてしまいます。会社を経営されている方に採用面接で見るポイントを聞いたとき、共通するのがコミュニケーション能力です。自分のアイデアを伝えることや相手を受け入れることができなければ仕事にならないと聞きました。人と人が向かい合って、考えを伝え合い、互いの考えを理解することから、ものごとは始まるのです。

学校教育では、「ていねいに聞く」ことを指導しています。子どもたちには、話す相手に体を向けて聞くことを習慣づけています。教師の話を聞くとき、仲間の発表を聞くときも体を向けて聞きます。２人で話し合うときも体を向け、互いの考えを聞き合います。聞き合い、より良い考えを見つけていきます。「ていねいに話す」ことも指導しています。1年生には「さん・くん・です・ます」をつけて話すことを習慣づけます。今週1年生の教室で「人を敬うことば」の授業をしました。体を向けて聞くことや「さん・くん・です・ます」をつけて話すことはできていました。新しいことを覚えるのが学ぶことの喜びですから、2つのことを教えました。1つは、お弁当箱を家の人に渡すとき、「おいしいお弁当をありがとうございました。」と言うこと。もう一つは、家の人や教師に「こうするのですよ。」と教えてもらったら、「ご指導ありがとうございました。」と言うこと。次の日に、1年生がさっそく敬うことばを使ったと話してくれました。

私は、「おいしいお弁当をありがとうございました。」と言いました。お母さんは「きれいに食べてくれてありがとう。」と言ってくれました。わからないところを教えてもらったときに、「ご指導ありがとうございました。」と言いました。こうやって対話することが好きで、敬うことばでていねいに話して、ていねいに聞く子どもにしていきます。

感謝という学びの場

学校行事の前に普段できないところを掃除していると、それを見かけた2年生が、「きれいにしていただいてありがとうございます。」と言ってきました。休み時間に1年生の教室の前を通ると、「2組の先生にご指導ありがとうございました」と誇らしげに教えてくれました。感謝のことばが子どもたちに少しずつ浸透し、身についていることをうれしく思います。6年生が掃除をしているとき、「1年生の机やいすはとても小さくて、わたしもこんな頃があったのかなあ。6年生に掃除をしてもらっていたんだなあ。掃除をがんばって1年生にきれいな場所で落ち着いて勉強できる環境をつくりたい。」と話してくれました。6年生は敬意と人のために尽くすリーダーシップが備わっています。

教育実習に来た卒業生のAさん。私のところにやってきて、いちばん先に話したのが感謝のことばでした。「小学校1年生の時、私は計算がすらすらできなかったので、先生に休み時間に教えてもらいました。ありがとうございました。」少し恥ずかしそうに、そして、特別に私のためにやってもらったことが有り難いと言っていました。今後は、教師になって様々な環境の中で育てられている子どものために力を尽くしたいと教えてくれました。小学生のときは、目立つ子ではなく、人が見ていないところでもこつこつ努力する子どもでした。休み時間の計算の学習も苦にせず、できるようになるまで私のところに来ていました。掃除は人が気付かないような場所をやり、日直の務めも黙々とやっていました。表だってやるタイプではないので、周りから特別ほめられることはなく、感謝されるわけでもなかったのですが、本人は、やりたいからやるといったふうだったのを覚えています。大人になったAさんを見て、敬意をもって感謝する人というのは、主体性をもって社会に貢献している人ではないかと思いました。

学校というところは、国語や算数の学力をつけるだけではありません。広い意味の教育をするところです。社会の中で生きていくための学びの場です。朝、教室に入ったら、人とあいさつを交わすこと、学習するものを机の中に収めて準備をしておくことを学びます。順番に日直を務めることや行事があれば何らかの役割を務めることを学びます。仲間といっしょに食事をすることや掃除をして明日に備えること、学校生活すべてが社会に出て必要なことの予行をしているのです。この学びを通して感謝する心も育てます。

明日は文化祭です。学習の発表の場であるとともに、普段はできない楽しい活動ができます。

楽しいことの裏には汗を流す人がいます。汗を流す人の存在を知り、感謝することの学びの場と考えています。

発想のおもしろさ

子どもたちがすることはおもしろいなと思うことがたくさんあります。ドッジボールを同じクラスの仲間とやっていたのが、グラウンドが工事のため狭くなり、異なった学年の子どもが集まってやるようになりました。ボールあて鬼ごっこという、これまで見なかった遊びが生まれました。鬼になった者がボールを当てて、鬼が交代する鬼遊びで、最初は6年生がやっていましたが、それがほかの学年にも広まっています。一輪車はグラウンドの隅でも遊べるので、上達した子どもは一輪車で鬼ごっこをしています。グラウンドが狭くなったときに、あるお父さんが、「変わることから子どもの発想が出てきて、それがおもしろいですよ。」と言われていました。まさにその通りになりました。

教室をうかがい見れば、1年生が幼稚園の子どもを招いて「あそびのひろば」をしていました。とんとん相撲や福笑いなど昔遊びを一緒にやっていました。手作りのすごろくもありました。遊園地すごろくや恐竜すごろくを作り、幼稚園の子どもに楽しんでもらおうと準備したようです。学校すごろくというのがありました。「ていねいな字を書いたので5つ進む」「あいさつをして3つ進む」と、学校生活で大切にしていることが表されています。子どもというのは価値のある行動は何か理解していて、それが、遊びにも使われているのですから、おもしろいものです。「学校に着いて1回休み」とあり、何のことかわかりませんでした。どうして1回休みなのか理由を尋ねると、学校に着いたら宿題を出して、授業の準備をして、すぐには遊べないからだと答えてくれました。

図画工作の時間に作るものを見れば、その発想のおもしろさが感じて取れます。絵でも工作でも一人ひとりに表したいものがあるのだとわかります。文化祭で作品をパネルに張り付けるときは私たち教師の楽しい時間です。こんなものを作りたいと発想から始まり、それを具体化するために構想を立てて、作品を仕上げていく過程が見て取れます。

詩人で童話作家の内田麟太郎さんと話をする機会がありました。出されている多くの絵本は文だけを書き、絵は別の人が描いています。もともと看板職人をされていた方なので、どうして絵も描かないのか不思議に思い、考えを聞いてみました。

「わたしは、文を表すときに映画のように映像を思い浮かべて、それをことばにしています。

その映像を絵にしたらそれだけのことです。別の方に頼めば、私の想像を超えた作品が生まれます。脳みそがゆれるものが出てくるのです。」と教えてもらいました。確かにことばからのイメージとは違う、それでいて、なるほどと思える絵が描かれています。代表作の『ともだちや』〈注〉に出てくる主人公のきつねは、一度見たら忘れられない姿をしていますし、そのきつねの様子を通してともだちとはこうなんだと、読んだ子どもが納得できる作品になっています。

学校は、芸術家を育てるところではありませんが、子どもの発想がどんどん湧いてくる授業は大事にしていきたいと思います。思いを表すことは、人が生きる力になります。

注

『ともだちや』…偕成社から出版された絵本。内田麟太郎作、降矢なな絵。

謙虚な心

会社を経営されている方から話を伺う機会がありました。その会社は転職して入社する人が多いそうで、前の会社の欠点や社員の非を言う人は、入社しても結局うまくいかないと言われました。欠点や非を言う人は、自分で責任を持ってやり切ろうとしないのだそうです。会社を学校に置き換えてみると、勉強をやろうと思うだけで実際はやり通せない子どもがいます。そんな子どもと話をすれば、自分の問題としてとらえずに、他の理由をつけます。理由をつけても言い訳ですからやり通すことはできません。そんなときは、子どもに何かの重荷や不満があるわけですから、負担になっているものをいったん取り除いてやります。自分のこととして考えられるようになったら、自分でやれることを決め、毎日続けさせます。続けることが自信につながります。教師は続けることに付き合い、評価してやれば次第に自力でやり切ろうとします。そうなってくると、難しい問題でも、この前、似たような問題をこんなやり方でできるようになったから、同じように解いてみようかと、自分で何とかしようとします。

けんかして友だちともめたとき、あるいは、やってはならないことをしたときに、自分の問題としてとらえないことがあります。相手の非を話すばかりで解決には向かいません。自分をかばって自分のしたことを隠します。そこには学びがありません。学びにするには、自分のこととして自分に向き合うまでていねいに聞いてやることです。自分がしたことを順を追って言えれば、もう十分です。自ずと自分の非も認め、相手の思いも受け入れます。自分で言えれば学びがあります。教師が子どもの非を責めるのではなく、自分のしたことを話して自分の非に気づかせるところに学びはあります。学校でできなくても親御さんが指導してくださることがあります。子どもの様子から普段と違うことに気づき、友達の机に落書きをしたことを聞き出された親御さんがいました。そして、自分でしたことに責任を取らせたいと、学校で教師に話すよう指導されました。この家庭教育の確かさに感心しました。このような教育ができるのは、親子の信頼関係があるからで、学習にしても人間関係にしても子どもの問題解決は、普段からのコミュニケーションが図られているからこそできることです。

ただ、子どもに実現可能な目標を持たせて続けさせることや自分の非に気づくまでていねいに聞くことは、なかなかうまくできないものです。うまくいかないのはなぜか?それは、大人が謙虚さに欠けているのではと考えます。謙虚な心のない人は、問題のある人を変えようとします。変えてやろうとすれば相手はいっそう反感を持ち、自分の非を隠します。良い方法を伝えても、相手にとっては余計なことで、聞き入れがたいことばでしかありません。何を言っても聞く耳を持たない人は、変わることはありません。子どもも同じで、10歳になれば、正しいことを言うだけでは変わりません。

謙虚とは、自分の能力や地位におごることなく、人に対して素直な態度で接することです。10歳以上になれば、高い位置から子どもに正論を振りかざすのではなく、謙虚さを持って接します。子どもに謙虚な心で向き合えば、目標設定と続けることを助けることができます。ていねいに聞き出すことや普段のコミュニケーションも可能です。普段から謙虚な心で向き合い、子どもの問題に気づけば学びのチャンスととらえ、問題を学びにすることが教育です。

バスの中の上級生

朝読書の時間に席についていない子どもがいました。どうしたのか尋ねると、

「朝の授業準備をしていました。」

「準備が間に合わなかったのは、朝寝坊をして登校が遅くなったからです。」

と答えました。相手にわかるように自分の事情を伝えることができたことに感心しました。2年生ですから順序立てて話すことが学習のめあてとしてあります。この受け答えは立派なものです。「ていねいに的確に」話すことができれば、朝読書をしていなかったことについて私から何も言うことはありません。ていねいに的確に話せるのですから、自分の考えがまとめられているのです。ていねいに順序よく話せましたと言って終わりにしました。


ていねいに聞くこと、ていねいなことばで話すことを子どもたちに意識させて指導しています。「ていねい」を指導するのは、人から好感を持ってもらうためではありません。ていねいなことば遣いは人を敬う心につながります。「ていねい」を意識させるには、毎日のていねい

なことばを使った話のやり取りが大事で、積み重ねていくと少しずつ意識するようになります。昼ごはんのお茶を取りに来る給湯室の前に、「失礼します。お茶を取りに来ました。」と掲示されています。子どもはそれを見て、ていねいなことばを身につけます。しかし、何も言わずに部屋に入ることもあります。どうしたのですかと問えば、忘れていたことに気づいて、「失礼します。お茶を取りに来ました。」と言います。こちらは、よい勉強ができましたと言ってやれるので、子どもは気持ちよくお茶を持って教室に戻っていきます。

靴箱に靴をそろえることを意識させています。できていなければやり直しをします。できるようになるまでやり直しをします。「ていねいではなかった」ことに気づく学習がやり直しです。靴をそろえるのはだんだんと当たり前のことになっています。しかし、ときには慌ててしまうので靴が乱れます。そんなとき、「ていねいではなかった」と気づかせてやります。靴をそろえ直して心を落ち着かせます。

バスの乗客の方から聞いた話です。子どもがバスから降りようと席から立ち上がったときに、ランドセルにつけている定期入れが引っ掛かりました。それを知った乗客の方が引っ掛かった定期入れをはずしてやると、そばにいた上級生が、「ありがとうございました。」とていねいにお辞儀をしました。引っ掛けてしまった子どもは気づかないままでしたので、きっとこの2人は兄弟で、下の子の代わりにお礼を言ったのだろう、仲の良い兄弟だと思われたそうです。ところがバスを降りた2人は、違う方向に歩き出しました。どうやら兄弟ではなかったようです。その上級生のていねいなことば遣いとお辞儀は立派なものだったと、感心しておられました。バスの中の上級生が、「ていねい」の目指す子ども像です。

新年を迎える　――子どもの俳句から――

新年を迎える俳句を見つけました。しっかりした家庭文化から生まれたものです。

しめかざりすずめもふくもやってくる

お正月にしめかざりを家の玄関に取り付けたのでしょうか。せっかく飾ったのですがお米を食べられてしまいました。それに腹を立てるのではなく、すずめを受け入れ、新年を迎える喜びが伝わってきます。

ほろ苦い七草食べて春を待つ

七草粥を食べる家庭は少なくなってきたようです。日本人は季節のものをいただき、食生活を豊かなものにしてきました。新年を迎えてもまだまだ寒さは続きます。1年の健康を願い、七草粥を家族でかこむ光景が目に浮かびます。

大そうじ手伝い喜ぶ母の顔

大掃除も日本の生活文化です。窓ふきや灯りの傘など隅々まできれいにする姿が見えるようです。そして、あなたがいてくれて助かると言うお母さんの笑顔を見て、やって良かったと思います。大掃除は人の役に立つことを学ぶ良い機会です。

目を見はる遠い山には初日の出

新年を迎える喜びが表れています。この家庭は、みなさんで日の出を見たのでしょうか。闇夜から1か所、遠い山の空が次第に明るくなってきます。明と暗の世界が広がる作品です。

俳句はことばの感覚を磨きます。自分の発見と感動をことばにするとき、思い浮かぶことばを吟味します。より優れた表現を選ぶ力がつきます。四季折々のことばも使って身につけます。

そして、もうひとつ。季節感の薄れてきた日本人に、俳句は季節を感じる心を培うものです。

新学期を迎える

新学期を迎え、学校はにぎやかになりました。この日を待ちかねていたかのように朝から教室で、グラウンドで、子どもの声が聞こえます。朝、ていねいにあいさつをする子どもがいます。冬休みがあっても心に留めているようです。ていねいなあいさつとは、立ち止まり、体を相手に向けて、「おはようございます。」と言って、お辞儀をすることです。5、6年生は、ていねいなあいさつができていました。習慣として身についているのでしょうか、ていねいな所作ができます。あいさつをする声の響きや穏やかな明るい表情を見て、心からうれしく思います。

「先生、お節料理を作りましたか?」と話しかけてきた子どもがいました。「私は、お節料理を作りました。お母さんが料理して、私が料理を詰めていきました。」と楽しげに話してくれました。お正月の特別なことですから誇らしげでした。この日は、おそらく、教室で友だちや先生にお正月のことや休み中の出来事を話したかと思います。担任をしていたとき、「先生、どんなお正月だったか、一人ひとり順番に話したい。」と子どもから頼まれたことを思い出しました。「自分の体験をクラスの仲間に伝えたい、仲間のことを知りたい」と思う教室であることは喜びでした。

私が子どもだった頃、母に、「そんな長い髪をしていたらいけない。もうすぐ学校が始まるから散髪に行ってきなさい。」と言われました。散髪に行くのは、お祭りやお盆など、節目になるときだったのかもしれません。散髪は取り立ててうれしいものではありませんでしたが、散髪をすることは、大事な節目を迎える意識を持たせてくれたように思います。学校ではなぜ、入学式や卒業式、そして、新学期の始業式をするのか。こんなところに答えがあるように思います。

今日は始業式。子どもたちの頭を見て、おそらく髪を切ったと思われる子どもが結構いました。「今日から新学期」と気持ちを新たにした緊張感を感じました。新学期を迎え、子どもたちは目標を持って臨むことと思います。

「ぼくは、もっと図工のスケッチが上手になりたい。」

「私は、縄跳びの二重とびができるようになりたい。」

「これまで算数の自主勉強を続けてできなかったけど、今年こそやり続けたい。」

一人ひとりが目標を持ってやり通し、うまくいかなければ考え直し、希望を失わずに突き進む力を育てていきます。

自分を知る

1年生の日記を見せてもらいました。この文章から聞くこととはどういうことか考えるヒントになります。

> きょう、1じかん目にしぎょう式がありました。校ちょう先生のおはなしで、3学きにがんばることをはなしてくださいました。1つ目は、れいぎでした。人にであったら、ていねいにあいさつをするということでした。2つ目は、こくご力でした。お手がみノートをていねいにかくということでした。3つ目は、チャレンジでした。なわとびやけいさんをがんばってやることでした。
> 3学きに、ぼくは、れいぎとこくご力とチャレンジをがんばります。

入門期の子どもにとって、「聞くこと」は学習で欠かせない力です。「聞くこと」とは内容を理解し、それを表現することです。話を理解して自分のことばで表したり、理解したことを行動に表したりしてこそ、「聞くこと」ができたと言えます。この日記でいうと、3学期にがんばることが3つ書けており、内容を理解しているとわかります。それが自分のことばで表現されており、聞いたことを自分のものにしています。3つ目のチャレンジのところは、縄跳びと計算をチャレンジしなさいとは話していないのですが、チャレンジの話の内容を理解して、そして、自分のこととして考えて、「なわとびやけいさんをがんばる」と書いています。つまり、主体的に聞いているのです。話を聞く指導は、ここが目指すところです。

教室に入ると3学期の目標が張りだされていました。「算数の自主勉強を全部やり切る」と書いている子どもが私に説明してくれました。「ぼくは、1学期と2学期に自主勉強のプリントをほとんどやっていませんでした。今度こそはやろうと思っています。」3年生ですが自分のことがわかっています。

「人の話をよく聞く」と書いていた4年生。落ち着いている子どもなのですが、「ぼくは、結構授業中しゃべっています。うるさくなることがあります。」と言います。本人は自分の行動に納得いかないようでした。

「美しい礼をする。」と書いていた4年生。この子どもの朝のあいさつの礼は見事で、目を合わせ、立ち止まり、「おはようございます。」と言い、お辞儀をします。それでもまだ、ゆっくりとていねいな礼ができていないので、美しい礼を目標にしたようです。

3年生までは、自分の目の前にある課題をひたすらにやり切ることが大事です。そのうち、10歳のころから自分のことを客観的に見るようになります。どんな人になりたいか考えるようになります。絵空事ではなく、自分の良い面も足りない面も受け入れて、上を目指そうとする子どもであることをうれしく思います。

主体的に読み、考える

自分の意見を持つこと、そして、相手に意見を伝えることを算数や理科などの授業でやっています。意見を持つためには、考えを書いたり話したりします。そうすることで筋道が通り、考えがはっきりしてきます。それを伝えるには説得力のある文章や図を書くこと、論理的に話すことの表現力が必要です。この書く力や話す力は、言語の力をつける国語で身につけます。それを、国語以外の授業で使って、子どもが学び合い、一人ひとりが能力をつけていきます。国語の授業以外と書きましたが、たとえば、算数で数学的な考え方を身につけ高めるために、自分の意見を持って、意見を伝え合う学習は大いに有効です。

「読書会」は、自分の意見を持つこと、そして、相手に意見を伝えることを目標にして授業をしています。

かつて読書といえば、おとなしいイメージがありました。読書を好む子どもは、物静かで席についてじっくり本を読んでいる子どものことでした。今は、そうではなくて、本を通して考えたことを人に伝え、自分の意見をはっきり持っている子どものことを言います。意見を持って伝える力は、社会貢献や自己実現に必要な力ですから、小学校教育からしっかり身につけることが求められており、そのために読書会を大事にしています。読書会は、本を読んで話し合い、内容を正しく理解し、意見を持って伝え合い、課題を解決していくことを目指しています。それが自分の人生を考え、世界をよりよくしていくことになると考えています。

自分の意見を持って意見を伝え合い、課題を解決する読書会ですが、もう一つ、課題を見つける力も求めています。「中心人物のとった行動は本当にそれで良かったのか？」あるいは、「もっと良いやり方があったかもしれない。どうすれば良かったのか？」と、子どもの力で学習課題を考え出すこともします。1年生から3年生は教師と一緒に学習課題を考えます。そしてみんなで考えて学習課題に対して意見を出し合います。4年生以上は個々で考え、グループで課題を決定し、グループで話し合い、課題を解決します。ここで大事なのは、意見を伝える

ことと最後にもう一度考えて意見を持つことです。かつての「感想を言ってごらん」というあいまいな教師の問いや「○○についてどう思う？」という子どもには関心のない、押しつけの課題は、子どもを読書嫌いにするだけでした。考えることから遠ざけていました。「読書会」は子どものためのものです。

「読書会」を通して、自分の意見を持つことを積み上げていくと、本を読みながら考えるようになります。中心人物について疑問を持って読み進めたり、中心人物の心情に寄り添って励ましたりします。筆者はどんな人物なのか考えることもあります。こうやって主体的に読むようになれば、ますます読書がおもしろくなります。読書をすることで、課題を見つける、自分の考えを持って意見を伝える、この2つの力をつけていきます。

笑顔とチャレンジとリーダーシップ

海外学習に出かける子どもを対象に英会話学習や異文化理解ワークショップなど事前の準備をしています。海外学習とは、4年生と5年生の希望者がオーストラリアでホームステイをしながら、姉妹校に通い、一緒に授業を受ける学習のことです。この海外学習はグローバル人材育成のひとつとして位置付けており、そのねらいは、英語力を試すことです。それに加え、異文化を理解し受け入れること、主体的に人と関わり問題解決をすることもねらいにしています。

異文化を理解し受け入れるというのは、難しいことです。日本人同士でさえ、生まれた地域や家庭によって生活習慣が異なり、理解できず受け入れがたいことがあるのですから、外国の文化やものの考え方は日本人にとって理解できないことがあります。ホームステイで、朝ごはんにベジマイトが塗られたパンが出されて食べられなかった子どもがいました。食生活は大きく違い、昼のお弁当はリンゴとピーナッツバターだけのサンドイッチにがっかりした子どもがいました。また、シャワーを使いすぎてオーストラリアのお母さんに注意されて、しょんぼりしている子どもがいました。しかし、子どもというのは楽天性があり、受け入れがたいことでも何とかしようとします。「ベジマイトは発酵食品でにおいがきついけど、おなかが減ったので鼻をつまんで食べてみた。食べてみれば悪い味じゃない。昼のお弁当はこっちではふつうみたいだ。日本のお弁当は色とりどりのおかずが入っていて、自分は恵まれていたんだ。シャワーを短く済ませるのは、日本のようにたくさん雨が降らないからだ。水は貴重なんだ。」こんなふうにオーストラリアのことが理解できて、受け入れられるようになります。

主体的に人と関わり問題解決をするというのは、困ったこと（問題）が起きたら、助けを待つのではなく、自分のことは自分で解決するという意味です。かつて、洗濯物がたまり、明日着ていくものがなくなって困っている子どもがいました。日本では毎日洗濯する家庭だったので、だまっていても洗濯してもらえると思っていたのですが、ホームステイ先では数日間まとめて洗濯する家庭でした。ホストマザーのところに困った顔で洗濯物を抱えて持っていくと、わかってもらえたようです。海外学習の終わりには、「食べられない物が出たときは困った顔すれば何とかなった。」、「日本人は親切だと思っていたが、オーストラリアの人はもっと親切だった。」と学んで帰ってきます。

ホームステイをすると失敗や問題が起こります。それを受け入れ、解決する絶好の機会がここにあります。ホームステイをする子どもたちは、笑顔とチャレンジとリーダーシップ（家族の一員として役に立つこと）の3つを目標にしています。笑顔でホストとふれあう、なんでもチャレンジして試してみる、失敗してもチャレンジする、家族に感謝し役に立つ、これができれば、海外学習は意味のあるものになります。この笑顔とチャレンジとリーダーシップは、ホームステイに限らず、国際人として多様な考え方を受け入れ、主体的に問題解決し、リーダーシップを発揮するグローバル人材を育てることになります。ふだんの学習でも失敗や問題から学ぶことを大事にし、笑顔とチャレンジとリーダーシップを目指しています。

線を引く

私が子どものころ、教室の机は2人が使う長いものでした。隣に座っている子どもが机の中央に指で線を引いて、ここからこっちには入らないでねと、よく言っていました。私の教科書やノートがこの子どもの引く境界線からはみ出していたようです。隣の子どもははみ出してくるので机が狭くなり困っていたのだと思います。そのうち、はみ出すことが気になり、少しでもはみ出せば、見えない線を引くようになり、私も気をつけるようにしました。先日、2年生に授業をしたとき、同じように隣にはみ出しているのを見かけました。今の机は1人一つなのですが隣の机とくっつけているので、隣にノートがはみ出しています。隣の子どもは机の上の整理をして元に戻していました。こんな子どもがいてくれるから教室は落ちついているのです。

核実験や放射能の影響を研究されている大学の先生から話を聞く機会がありました。

「私はアメリカ人で、子どもの時から核爆弾が投下された時のために避難訓練をしていた。原爆は恐ろしいものとして心に残り、学生になって被爆地のことを学ぶようになった。研究のため初めて広島を訪れたときに、平和公園では若者がギターを弾いて仲間と歌を楽しそうに歌っていた。カザフスタンの放射能に汚染された町でも、ちょうど結婚式で家族や友人が楽しくお祝いをしていた。被爆した町でも人々は普通に生活している。どこの国のどの人も、家族がいて、食べるものがあり、住むところがあり、安心して暮らす生活を求めている。世界地図には国境があるが私たちの住む地球には国境はない。」と話されました。子どもたちに伝えたいことは何ですかと質問しました。「地球には、一つの国だけでは解決できないことがある。たとえば、地球温暖化を止めることは一国ではできない。地球規模で考える人になってほしい。」と答えられました。

先日5年生に授業をしました。授業のテーマは「人間は人間によって人間になれる」。——「学ぶということ」を考える授業でした。授業の最後に、今日の授業で考えたことを書かせました。「ぼくは親から教えてもらいました。あいさつなどの礼儀、箸の持ち方、感謝すること、生きるということです。そして、人はひとりでは生きていけないことは親から教わったことです。友達や先生には悩んでいるとき相談しています。どうすればいいかアドバイスしてもらっています。」

はみ出したことに気づかない子どもがいます。その一方で、はみ出さないでと線を引いた子どもがいます。はみ出さないでのことばから、相手のことを気にかけるようになりました。しかし、線を引くだけではどうにもならないことがあります。線を引く子どもにするのではなく、目の前の困難な状況は何が問題なのか、そして、どう乗り越えるのかを考え、合意形成して、行動する人を育てる授業をつくっていきます。

ことばの確かさ

人はことばを使って、ものを考えます。ことばの力をつけるのは学校です。国語と言えば、文章を正しく読み、相手に伝わる文章を書くことに目が向きますが、国語ではことばを読む、書く、聞く、話す、4つの能力を養います。4つの能力のもとになるのが、語彙力です。語彙力と言えば、漢字がすらすら読み書きできるだけでなく、確かなことばを獲得し、読む・書く・聞く・話すことに使えなければなりません。学校では、この語彙力と4つの技能（読む・書く・聞く・話す）をつけるために、国語の授業で基礎基本を押さえ、ほかの授業や生徒指導で実際に使える指導をしています。これが、目指す国語力です。国語力をつけるために、この3年間指導を続け、子どもが変わってきました。いちばん変わったのが、授業中の発言とノートです。ことばを適切に使って話す子ども、その話を聞いて考える子ども、考えをノートにまとめて書く子どもが多くなり、3年生以上はみんなできます。何より話すことや聞くこと、読むことや書くことが自分にとってプラスになるとわかってきたので、自ら進んでやっています。

3年生の図書の授業で読書会をさせてもらいました。子どもたちは作品『ともだちや』（偕成社）を読み、中心人物である、ともだちやの商売を始めたきつねに着目し、きつねの初めの姿が結末になって変化したことに関心を持ちました。そこから話し合う課題を決め、ほんとうの友だちとはどんな存在なのかを話し合いました。その話し合いで手がかりになるのは、書かれていることばです。ことばから自他の考えを比べる、多様な考えを整理する、自分の考えを修正する、もう一度まとめることが3年生でできました。整理する・修正することは4年生の後半にできれば良いのですが、3年生でできたのは何が育っているからでしょうか？それは、ことばの数が豊富だからです。たとえば、『ともだちや』のことばで、「きつねが帰る」という表現ではなく、「きつねがスキップしながら帰る」と書かれています。このことばからきつねの姿をイメージできる語彙力がありました。きつねの友だちとなったおおかみのきつねへのことば、「これをやろう」と「これをもらってくれるか」との違いに着目し、2人は対等の関係に変わったと気づく発言がありました。

ただし、もっと新しい発見ができそうな授業でした。ことばをていねいに読めば、人が気づかなかったことが見えてきます。何度もていねいに読む指導を繰り返すうちに、書いてあることばから、書いてないことばを見つけるようになります。「ていねい」をキーワードに、発見のある授業をしなければなりません。新しいことを獲得する授業ができれば、子どもは面白いと言い、自ら考える子どもになります。

6年生がドリームマップ作りをしました。自分とは何か振り返り、自分を見つめ、自分の未来を考えて夢をもつ授業を一日かけて行いました。指導にあたった外部講師が、「6年生のみなさんはことばが豊富です。そして、自分の思いを表すのにふさわしいことばを選んで表現できます。」と感心されていました。語彙力をつければ思考が高まります。よく考えてやりぬく人にするために、確かなことばの使い手にしています。

聞く力

話を聞くということは、誰でもできることです。子育てされている方にどんな能力をつけさせたいかと質問したら、聞く力をいちばんにあげる方は少ないように思います。幼児期や学童期に聞く力は必要だけれど、理解力や表現力、あるいは数学的な思考や科学的思考のような考える力に目が向きます。健康な体を保持する体力も大事ですし、音楽的情操力もつけてほしいと思います。幼稚園でも学校でも多少のことは聞かなくてもやっていける、聞く力がなくても理解する力があれば大丈夫と考えるかもしれません。

聞くということは理解する力のひとつです。小学校の低学年では欠かせない大事な能力です。特に、1年生の入門期の授業では聞く力がないと何もできません。小学校では教科それぞれに目指す能力があり、主体性や持続力といった態度もありますが、多くの能力と態度に聞く力がつながっていて、お互い影響し合っているのです。聞く力がなければ思考が働かず、思考力がないと聞くことが十分できず、反対に、聞く力がついていけば様々な能力がついて、良い影響をもたらします。

では、どうやって聞く力をつけるのか？——学校では授業で系統的につけていきます。1年生の4月は、国語でも算数でも聞く授業をしているように思えるほど、聞いて考え、聞いて活動をします。4月以降も聞く学習は続き、1年生と2年生で話の順序を理解する学習を国語で行い、すべての教科で聞く力を必要とします。また、日常、教師は目と目を合わせて聞く指導をします。できるようになるまで繰り返します。目が合わない子どもは話を取り違えたり、聞きもらしたりしてしまいます。目を合わせていなかったために聞くことができなくて、困った体験をすることが大事です。家庭にも協力してもらい、何度も困らせて、何度も練習して、良い習慣をつけていきます。一方で、聞いて良かった体験も大事です。家庭でも学校でも正しく聞いて良かったと、ともに喜べることがあれば、積極的に聞くようになります。

担任をしていた頃、話を聞くことが苦手な子どもがいました。何かの刺激に注意が向く子どもでした。正しく聞けないので友だちとうまく遊ぶこともできず、私の後をくっついて歩くことが遊びでした。それでも、クラスの仲間といっしょに楽しむ時間がありました。それが、朝と帰る前の読み聞かせの時間でした。読み聞かせの時間になると子どもたちが私のまわりに集まり本を読む声に耳を傾けます。しかし、初めはうまくいかず、その子どもはまわりの見えるものが動くと注意がそれるので、誰かが立ち上がってしまうと聞けなくなります。誰かが声を出すとそちらが気になります。それで、特別席をつくり私の膝の上に乗せて読み聞かせをしました。そのうち、他の子どもが耳を傾けて聞けるようになりました。立ち上がる子どもはいません。音も出さず、本に目を向けています。私の読み声を積極的に聞くようになりました。聞くことが苦手な子どもは、特別席に座る必要がなくなりました。クラスの子どもと私の幸せな時間になりました。

聞くことは、教育の初めの一歩です。聞くことは楽しいと子どもが感じる学校でありたいと思います。

見えない主役

4月、学校は新しい年を迎え、子どもたちにはやってみたいことを見つけ、挑戦することを伝えています。目標に向かって挑戦し、生き生きとした子どもの姿を見るのが教師の喜びです。そして、1年の終わりを迎えるころ、挑戦してきたことを振り返らせ、その成果や伸びた点を自覚させます。そして、やり通したことに胸を張って、さらに上を目指す子どもにと願います。

夢をかなえる人になってほしい、そのための力をつけるのが学校です。ただ、子どもの夢は大人になってかなうものではなく、目指すところを変えることのほうが多いのかもしれません。それでは、夢は一部の優れた才能を持った人だけがかなえるものかと言えば、そうではなくて、すべての人が夢をかなえることができると思います。夢をかなえる人生を切り開き、すべての人が主役になる……こう確信したのが、先日のオリンピックで金メダルをとったスピードスケート選手へのインタビューです。そのインタビューに答えた金メダル選手のことばは考えさせられるものでした。競技が終わった直後、「コーチと二人三脚で金メダルを取りましたね。今、コーチに何を伝えたいですか。」と質問されました。コーチの力を多くが認めており、選手も信頼していたそうです。質問を受け、金メダル選手は一瞬考えた後、「コーチだけではありません。たくさんの人が私を支えています。すべての人にお礼を言いたいと思います。」と答えていました。スケート留学でお世話になった人、体のケアをしてくれた人、食事指導をしてくれた人など多くの人が金メダルにかかわっているはずです。家族の皆さんの応援と励まし、共に練習した選手、競い合った選手の存在が大きいかもしれません。惜しくも2位で下をうつ向いた外国人選手に声をかける場面の映像を見て、金メダル選手は敵対心で戦ってきたのではない、優れた記録を追い求める者同士なのだと思いました。そう考えると、金メダル選手のことばは、金メダルはひとつですが、メダルにかかわった人はたくさんいて、その人たちは脇役ではなく、すべての人が主役ですという意味なのでしょう。それぞれの人が優れた能力を持ち、熱い心を持ち、チームで夢をかなえたのだと想像できます。ひとりの力では限界があり、ひとりの才能と努力では、メダルは取れません。金メダル選手のまわりには、見えない主役がいるのです。

学校では力を合わせてひとつのことをやり通す学習をします。1年生は物語の音読をするのに役割を決めて2、3人で声に出して読みます。2年生は大きな数を数えるのに仲間と分担して数えます。5、6年になると授業の質が高まり、個の能力や個性を出し合って解決する授業が多くなります。音楽の演奏でも、運動会でも、掃除でも、バスケットボールの試合でも、ひとりではできないことができること、そして、多くの人の力を合わせると大きな成果が出ることを学びます。勝利のためにゴールを挙げた人が優れているのではありません。ゴールを守った人やパスを出した人も優れているのです。

子どもたちは将来、社会に出てチームで社会貢献をすることになります。そのための個々の能力をつけるのが学校です。みんながひとつのことにかかわることの面白さと成し遂げる喜びを味わい、みんながつながり、個々のつけた力を発揮し、金メダルを取ることを子どもたちはしているのだと思いました。

豊かなことば

豊かなことばが使える子どもにと教師は願っています。豊かなことばとは、ていねいに的確に話せることに加えて、言語感覚を使い、心の底から表されたものです。私たちは、心地良く話を聞くことがあります。文章を読んで手に取るようにわかることがあります。これが豊かなことばではないかと思います。

3年生の五七五の文から豊かなことばが見て取れます。

> 書き初めで親指小指真っ黒け

真っ黒だではなく、真っ黒けと表した言語感覚に、この子どもの豊かさを感じます。

白いいき早く来てよとバスを待つ
はつもうでお供うきうきじゃりの音
水たまり中に氷のはこかがみ
雪降るかまどぎわで待つ妹よ
後ろから雪のあしあと追ってくる

色を感じる、音を感じる初めの2つ。色や音を使う子どもは文学作品の豊かな読み手です。3つ目の「はこかがみ」は、子どもの造語。このことばでなければ見たことが表せなかったのでしょう。あとの2つは目線の移動。映像以上の力が読み手に伝わります。

言語感覚は、小さい時からの言語の環境によって身につきます。小学校では、優れた表現を音読（声に出して読むこと）と視写（書き写し）をします。特に1年生と2年生は、音読と視写を大事にします。子どもは作品を音読させると好きなところを覚えてしまいます。先日、1

年生がやってきて、『スイミー』〈注〉は教科書を見なくても言えると胸を張っていました。視写をさせると、さらに心に入り込み、優れた表現を自分の文に取り入れるようになります。6年生になっても音読や視写は効果があり、正確に読む力となり、確かなことばと豊かなことばとして身についてきます。ことばは、子どもの財産になります。

注

『スイミー』…オランダ出身の絵本作家レオ・レオニ作の絵本。

前を向いて歩く

幸せな時を人は幸せと感じていないことがあります。ましてや、過去の不安やつらさは意識に出てきません。だからこそ、人は後ろを向いて生きることをしなくて済むのですが、教育現場では子どもの姿を思い出し、その成長がうれしくてたまらないのです。遠くからの通学で授業中うとうとしていた子ども、バスが満員で目的のバス停で降りられなかった子ども、大きな病気をして思い通りに動けず教室にいた子ども、顔を見ればそれぞれ思い出が浮かんできます。

英語のスピーチコンテストでAくんが入選したと聞きました。担任に、「毎日学校で練習していました。入選に向けて必死でという感じではなく、日課のようにやってだんだんと上手になってきました。」と報告してくれました。Aくんが1年生の時のことを思い出しました。書いた日記をクラスのみんなの前で読む活動があり、それを読むことができず困っていました。うまく日記が書けなくて、自分の順番が日に日に近づき、心配する日が続きました。1年生ですから3文書いていれば合格なのですが、ほかの子どもは上手で自分は下手だと考え、しかも、すらすら読めないから心配が大きくなっていました。担任はだいじょうぶ、これでいいのですよと言うのですが心配はなくなりません。家庭でも子どもの心配を打ち消そうといろいろされたのですが、子どもの心は変わりませんでした。日記だけでなく、ほかの学習でも元気がないようでした。

しかし、光はありました。授業中、ずっと下を向いてはいませんでした。目を輝かせる瞬間がありました。担任のことも好きで、これなら何とかなりそうだと思いました。1年生というのはできる喜びやわかる楽しさを感じるというよりも、活動自体の楽しさを感じることで満足します。好きな先生がそばにいれば元気になります。好きな先生が話す声や黒板のていねいな文字や体育のお手本に惹かれます。担任は十分やっていたので、できる喜びをわずかでも感じて積み重ねていくこと、友達や先生など好きな人の範囲を広げることをめあてにして、接していきました。当時の校長にもお願いして一緒にボール遊びをしてもらいました。ボールを投げて捕るキャッチボールですが、毎日やればだんだんうまくなり、そのうちまわりの子どもが加わる、そして、子どもだけで遊ぶようになると考えてのことです。すぐにはうまくはなりませんでしたが、楽しいことは続けられるものです。やりたい遊びに友達と群れるようになりました。

子どもというのは、学習スピードに差があるためにできないと思い、自分は駄目なんだと判断してしまいます。できないと自信をなくしたとき、その子に合わせたペースと量で指導することがもっとも大事です。3年生、4年生になるとAくんは人と比べず、自分のペースで学習するようになってきました。5年生になって算数の自主勉強をするようになり、不安よりも自信が大きくなりました。6年生の後半、国語の課題で間違った解釈をしていたので説明したのですがなかなか譲らないほど自分の考えで判断する、まわりと比べず前を向いて歩く人になりました。

卒業を迎え、お母さんが、「おかげでここまで成長しました。先生の後押しがあって、私が変われて子どもが変わったのです。」と話してくださいました。親御さんの思いを心にとめてこれからも続けます。

春を迎える

3月になると暖かくなり、すっかり春です。学校では春は少し先の入学の4月で、今は春を迎える喜びのときです。1年生はもうすぐ2年生に進級する喜びが大きく、それに合わせて入学する新入生を迎える喜びが膨らみます。

1年生は手紙の書き方とパソコンの文字入力を身につけることを学習のめあてにして、新入生に手紙を書きました。

> ごにゅうがくおめでとうございます。
> がっこうはとてもたのしいです。せんせいはきびしいです。ちゃいむがなったら、しずかにしましょう。
> あそぶよりべんきょうのほうがたのしいです。

1年前の入学する頃、学校ってどんなところだろう?先生はどんな先生かな?というように

想像していたのでしょう。小学校の先生は、幼稚園や保育園の先生と違って厳しいものです。音楽やチャイムの合図で行動しなければなりません。それでも学校は楽しいところです。小学校に入っても遊べますが、それよりも勉強の方が楽しいですよと伝える手紙で、小学校をうまく表しています。

特に、勉強の方が楽しいと言えるのは、遊びとは違った活動のおもしろさが学校にはあるからです。幼稚園と同じように七夕会や草つみをしても、学校では七夕の由来を調べることや草の名前を調べて、その形態の特徴を見つけた遊びをします。知的好奇心を広げ、知識や学習活動能力をめあてにして、学習活動を組み立てます。

活動のおもしろさがいちばんで、これがなければ1年生や2年生は意欲がわきません。それに加えてできる喜びを味わうことは、その先の将来の学習に希望が持てます。4年生でも5年生でも1年間を振り返ります。そのとき、成し遂げたことを心に留めて春を迎えてほしいのです。おもしろかった活動よりもできたことに心を留めるようであれば、相当の努力をしたと言えます。子どもが努力の結果を自覚すれば、春を迎える心が整います。

もうすぐ2年生

わたしが1年生になってできるようになったことは、けいさんと2じゅうとびと字がきれいにかけるようになったことです。

とくに、けいさんのたしざんです。わたしは、いえでも学校でもれんしゅうしました。それでも、1ぷん40びょうはかかってしまいます。1ぷん30びょういないにしないといけません。わたしは○○さんにとっくんしてもらいました。そうして、ごうかくできました。

2年生になったら、1ぷんにしたいです。

（1年生のお手紙ノートより）

おわりに

校長になって何よりも幸せだったことは、学校のすべての子どもと出会え、一人ひとりの教師と子どもについて、教育について、ことばが交わせたことです。

若い教師に、あの子は最近自分のことばで自分から話すようになったと言えば、「そうなんです。校長先生にもわかってもらえたのですね。」と誇らしげに答えます。そこには、子どもの変容を願って手探りの状態から子どもを見立て、指導を加えた真摯な教師の姿があります。

10年以上の経験のある教師からは、研究授業の後に指導内容について指摘された点を課題とし、もう一度授業をやり直してみた結果、子どもの学びが活性化したこと、そして、新たな技能を獲得したことを伝えられました。そこには、ベテラン教師であっても学びの姿があります。また、自身の学級通信に、この「風のかたち」にある「ていねいに的確に話すこと」や「チャレンジ」等々にふれて書かれており、子どもに向ける眼差しの共有と教師としての協働性と連帯性を感じます。

驚いたことに、「風のかたち」を子どもも読んでいます。一輪車を買ってくださいと言った子どもに、「風のかたち」に書かせてもらったよと言えば、「読んですぐに私のことだとわかりました。」と胸を張って答えました。また、体育の授業でマット運動の開脚前転のこつを思い切って仲間に伝えた、あのおとなしい子どもが、「おばあちゃんに、ここに書いてあるのは私のことだよと言いました。おばあちゃんからあなたは良いことをしたと言われました。」と教えてくれました。

教師たちと語り、子どもを知り、教えることと育てることの尊さを感じています。そして、教師と子どもを支える親御さんの存在の大きさを思います。

「先生、思う存分やってください」のことばで教師は力を振るうことができます。「先生、ありがとうございます」「先生のおかげです」のことばで教師は報われます。

学校はいつもそうやって、家庭に支えられ信頼されてやってきたことを忘れてはなりません。

末筆になりましたが、前京都女子大学教授の吉永幸司先生に巻頭へ玉稿を賜りました。お願いを快く引き受けていただき、思うままに書いたものに光をあて、励ましのことばをいただきました。ありがとうございました。

2021年3月吉日

安田小学校　新田哲之

著者紹介
新田　哲之（にった　てつゆき）
学校法人安田学園安田小学校長。
1958年広島県広島市生まれ。公立小学校教員を経て1987年から安田小学校教員、2015年から現職。
大学の専門は植物生態学、造園学。教職課程は中高理科。安田小学校では国語教育。
西日本私立小学校連合会理事。同国語部会指導員。

風のかたち 1
子どもたちはこうして大きくなった
～教育現場からのヒント～

2021 年 3 月 10 日　発行

著　者　新　田　哲　之
発行者　学校法人安田学園
広島市安佐南区安東 6-13-1
発行所　株式会社溪水社
広島市中区小町 1-4（〒730-0041）
電話　082-246-7909

ISBN978-4-86327-551-5　C0037